컴퓨터일반

기출문제집

컴퓨터일반
기출문제집

초판 인쇄 2025년 01월 08일
초판 발행 2025년 01월 10일

편 저 자 | 공무원연구소
발 행 처 | 소정미디어㈜
등록번호 | 제313-2004-000114호
주 소 | 경기도 고양시 일산서구 덕산로 88-45(가좌동)
대표전화 | 031-922-8965
팩 스 | 031-922-8966

Preface

모든 시험에 앞서 가장 중요한 것은 출제되었던 문제를 풀어봄으로써 그 시험의 유형 및 출제경향, 난이도 등을 파악하는 데에 있다. 즉, 최소시간 내 최대의 학습효과를 거두기 위해서는 기출문제의 분석이 무엇보다도 중요하다는 것이다.

컴퓨터일반 기출문제집은 그동안 시행된 국가직, 지방직, 서울시 기출문제를 과목별로, 시행처와 시행연도별로 깔끔하게 정리하여 담고 문제마다 상세한 해설과 함께 관련 이론을 수록한 군더더기 없는 구성으로 기출문제집 본연의 의미를 살리고자 하였다.

수험생은 본서를 통해 변화하는 출제경향을 파악하고 학습의 방향을 잡아 단기간에 최대의 학습효과를 거둘 수 있을 것이다.

1%의 행운을 잡기 위한 99%의 노력! 본서가 수험생 여러분의 행운이 되어 합격을 향한 노력에 힘을 보탤 수 있기를 바란다.

Structure

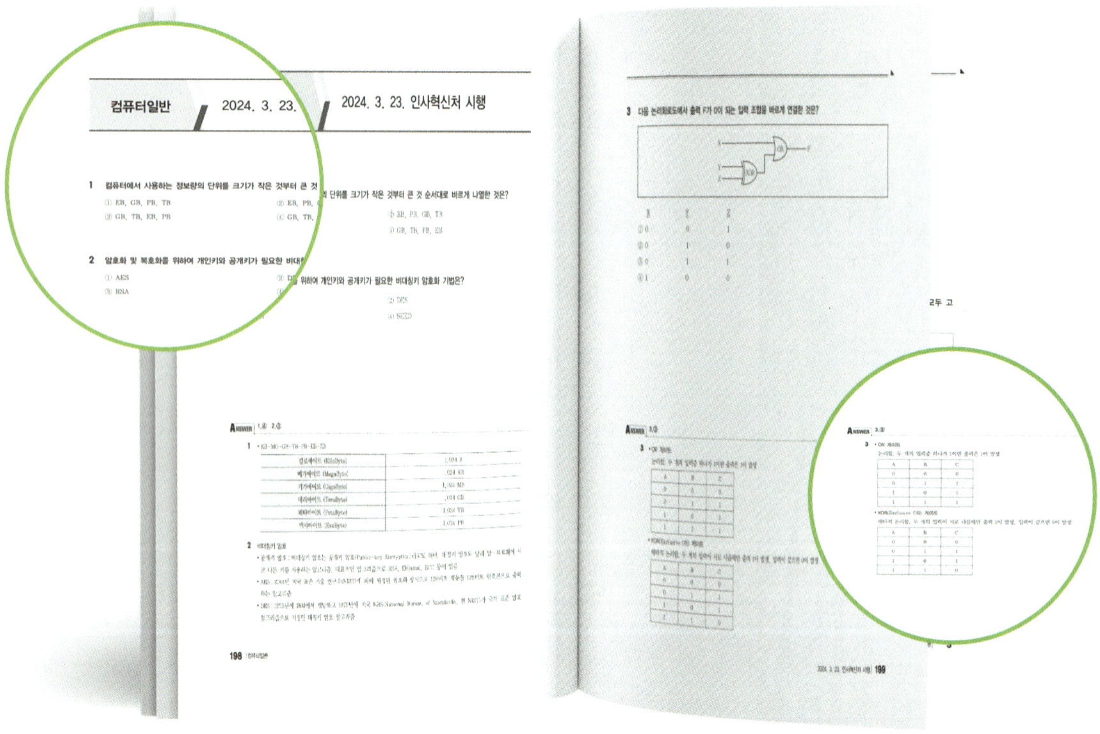

최신 기출문제분석

2024년 최신 기출문제를 비롯한 최다 기출문제를 수록하여 모든 시험에서 가장 중요한 기출 동향을 파악하고, 학습한 이론을 정리할 수 있습니다. 기출문제들을 반복하여 풀어봄으로써 이전 학습에서 확실하게 깨닫지 못했던 세세한 부분까지 철저하게 파악, 대비하여 실전대비 최종 마무리를 완성하고, 스스로의 학습상태를 점검할 수 있습니다.

상세한 해설

상세한 해설을 통해 한 문제 한 문제에 대한 학습을 가능하도록 하였습니다. 정답을 맞힌 문제라도 꼼꼼한 해설을 통해 다시 한 번 내용을 확인할 수 있습니다. 틀린 문제를 체크하여 내가 취약한 부분을 파악할 수 있습니다.

Contents

컴퓨터일반

컴퓨터일반

2018. 4. 7. 인사혁신처 시행

2018. 5. 19. 제1회 지방직 시행

2018. 6. 23. 제2회 서울특별시 시행

2019. 4. 6. 인사혁신처 시행

2019. 6. 15. 제1회 지방직 시행

2019. 6. 15. 제2회 서울특별시 시행

2020. 6. 13. 제1회 지방직/제2회 서울특별시 시행

2020. 7. 11. 인사혁신처 시행

2021. 4. 17. 인사혁신처 시행

2021. 6. 5. 제1회 지방직 시행

2022. 4. 2. 인사혁신처 시행

2022. 6. 18. 제1회 지방직 시행

2023. 4. 8. 인사혁신처 시행

2023. 6. 10. 제1회 지방직 시행

2024. 3. 23. 인사혁신처 시행

2024. 6. 22. 제1회 지방직 시행

컴퓨터일반　2018. 4. 7. 인사혁신처 시행

1 유닉스 운영체제에 대한 설명으로 옳지 않은 것은?

① 계층적 파일시스템과 다중 사용자를 지원하는 운영체제이다.

② BSD 유닉스의 모든 코드는 어셈블리 언어로 작성되었다.

③ CPU 이용률을 높일 수 있는 다중 프로그래밍 기법을 사용한다.

④ 사용자 프로그램은 시스템 호출을 통해 커널 기능을 사용할 수 있다.

ANSWER 1.②

1 ㉠ **유닉스 운영체제**(UNIX) : 1969년에 미국의 벨 연구소에서 켄 톰슨과 데니스 리치에 의해 개발한 이식성이 있는 다중 작업, 다중 사용자의 계층구조형 운영체제이다. 처음에는 어셈블리어로 개발되었지만 데니스 리치가 1971년에 개발한 C언어로 1973년에 유닉스를 다시 만들어 유닉스는 고급언어로 작성된 최초의 운영체제가 되었다.

㉡ **유닉스의 특징** : 컴퓨터 시스템 자원을 효율적으로 사용하기 위한 운영체제로 PC뿐 아니라 워크스테이션, 서버 및 중대형 컴퓨터 등 다양한 환경에서 동작하며 고급언어로 개발되어 쉽게 이식할 수 있고 필요한 기능을 쉽게 구현할 수 있다.

※ **유닉스 계열의 운영체제 BSD**(Berkeley Software Distribution) **운영체제**

㉠ AT&T가 매우 저렴한 가격에 소스코드를 버클리 대학의 소프트웨어 재단에 판매하였으며 버클리 대학에서 소스코드를 수정, 보완하면서 네트워크 기능을 탑재한 BSD 버전을 출시하여 널리 사용된다.

㉡ 유닉스의 구조는 커널, 쉘, 유틸리티와 파일시스템이 있다.

- 커널 : 운영체제의 중심이 되는 부분으로 컴퓨터 내부의 기능을 조정하는 핵심요소로 시스템의 하드웨어를 제어하며 주메모리 관리, 작업관리, 파일관리가 있다.
- 쉘 : 사용자와 커널 사이의 중간자 역할을 담당하며 사용자가 입력한 명령을 해석하여 커널에 넘겨주면 커널이 명령의 수행결과를 돌려주고 쉘은 다시 사용자에게 이해할 수 있는 형태로 바꾸어 출력한다.
- 유틸리티 : 유닉스는 각종 개발도구, 문서 편집도구, 네트워크 관련 도구 등 매우 다양한 유틸리티를 제공한다.

2 다음에서 설명하는 해킹 공격 방법은?

공격자는 사용자의 합법적 도메인을 탈취하거나 도메인 네임 시스템(DNS) 또는 프락시 서버의 주소를 변조하여, 사용자가 진짜 사이트로 오인하여 접속하도록 유도한 후 개인정보를 훔친다.

① 스니핑(Sniffing)
② 파밍(Pharming)
③ 트로이 목마(Trojan Horse)
④ 하이재킹(Hijacking)

3 다음 SQL 명령어에서 DDL(Data Definition Language) 명령어만을 모두 고른 것은?

㉠ ALTER	㉡ DROP
㉢ INSERT	㉣ UPDATE

① ㉠, ㉡
② ㉡, ㉢
③ ㉡, ㉣
④ ㉢, ㉣

ANSWER 2.② 3.①

2 ① **스니핑**(Sniffing) : 가장 많이 사용되는 해킹 수법으로 이더넷 상에서 전달되는 모든 패킷을 분석하여 사용자의 계정과 암호를 알아내는 것
③ **트로이 목마**(Trojan Horse) : 컴퓨터 사용자의 정보를 빼가는 악성 프로그램
④ **하이재킹**(Hijacking) : 다른 사람의 세션 상태를 훔치거나 도용하여 액세스하는 해킹 기법

3 명령어
㉠ **데이터 정의어**(DDL) : DB 테이블과 같은 데이터 구조를 정의하는데 사용되는 명령어들로 데이터 구조와 관련된 명령어들을 말한다.
- CREAT : 테이블, 뷰, 인덱스 등 객체를 생성하는데 사용
- DROP : 스키마, 도메인, 테이블, 뷰, 인덱스, 트리거를 제거하는 명령문
- ALTER : 테이블에 대한 정의를 변경

㉡ **데이터 조작어**(DML) : DB에 있는 데이터를 검색, 등록, 삭제, 갱신하기 위한 언어
- SELECT : DB에 있는 데이터를 검색하는 명령어
- INSERT : DB에 있는 데이터를 삽입하는 명령어
- UPDATE : DB에 있는 데이터를 갱신하는 명령어
- DELETE : DB에 있는 데이터를 삭제하는 명령어

㉢ **데이터 제어어**(DCL) : DB에 접근하고 객체들을 사용하도록 권한을 부여, 해제하는 명령어
- GRANT : DB 권한을 부여
- REVOKE : DB 권한을 해제
- COMMIT : 데이터를 DB에 저장하고 트랜잭션을 성공적으로 종료하는 명령어
- ROLLBACK : 데이터의 변경사항을 취소하고 원상태로 복귀한 후 트랜잭션을 종료하는 명령어

4 다음 진리표를 만족하는 부울 함수로 옳은 것은? (단, ·은 AND, ⊕는 XOR, ⊙는 XNOR 연산을 의미한다)

입력			출력
A	B	C	Y
0	0	0	1
0	0	1	0
0	1	0	0
0	1	1	1
1	0	0	0
1	0	1	1
1	1	0	1
1	1	1	0

① $Y = A \cdot B \oplus C$

② $Y = A \oplus B \odot C$

③ $Y = A \oplus B \oplus C$

④ $Y = A \odot B \odot C$

ANSWER 4.②

4 부울 함수 … 논리변수의 상호관계를 나타내기 위해 부울변수, 부울연산기호, 괄호 및 등호 등으로 나타내는 대수적 표현

• 진리표 : 논리변수에 할당한 0과 1의 조합의 리스트

XOR			XNOR		
A	B	Y	A	B	Y
0	0	0	0	0	1
0	0	0	0	1	0
0	1	1	1	0	0
0	1	1	1	1	1
1	0	1	1	0	0
1	0	1	1	1	1
1	1	0	0	0	1
1	1	0	0	1	0

• A, B의 입력 값이 다를 경우 1이 나오므로 XOR 게이트를 적용하여 $Y = A \oplus B = A'B + AB'$

• A, B의 입력 값이 모두 같을 경우 1이 나오므로 XNOR 게이트를 적용하여 $Y = A \odot B = A'B' + AB$
결과는 $Y = A \oplus B \odot C$가 된다.

※ **진리표** … 논리식 및 논리회로에 대한 모든 입력과 출력을 기록하는 표로 진리표에는 입력과 출력이 있음

구분	특징	논리식
AND 게이트 (논리곱)	모든 입력이 1일 경우에만 출력이 1이 되고, 그 밖의 입력의 경우에는 출력이 0이다.	$Y = A \cdot B = AB$
OR 게이트 (논리합)	입력 중에서 하나 이상의 입력이 1이 되면 출력이 1이 되고, 모든 입력이 0이 되면 출력은 0이다.	$Y = A + B$
NOT 게이트 (부정)	2전 정보의 논리역을 수행하며 입력이 1이면 출력이 0이 되고 반대로 입력이 0이면 출력이 1이 된다.	$Y = A'$
NAND 게이트	AND 게이트와 NOT 게이트를 조합하여 논리곱의 보수를 수행하는 논리게이트로 입력 중에 하나 이상의 입력이 0이면 출력이 1이 되고, 모든 입력이 1이면 출력은 0이 된다.	$Y = (AB)' = A' + B'$
NOR 게이트	OR 게이트와 NOT 게이트를 조합하여 논리합의 보수를 수행하는 논리게이트로 입력 중 하나 이상의 입력이 1이면 출력은 0이 되고, 모든 입력이 0이면 출력은 1이 된다.	$Y = (A + B)' = A'B'$
XOR 게이트 (배타적 OR)	2개의 입력이 서로 다른 상태이면 출력이 1이 되고, 2개의 입력이 같은 상태이면 출력이 0이 된다.	$Y = A \oplus B = A'B + AB$
XNOR 게이트 (배타적 NOR)	2개의 입력이 다른 상태이면 출력이 0이 되고, 2개의 입력이 같은 상태이면 출력이 1이 된다.	$Y = A \odot B = A'B' + AB$

5 다음 수식에서 이진수 Y의 값은? (단, 수식의 모든 수는 8 비트 이진수이고 1의 보수로 표현된다)

$$11110100_{(2)} + Y = 11011111_{(2)}$$

① $11101001_{(2)}$
② $11101010_{(2)}$
③ $11101011_{(2)}$
④ $11101100_{(2)}$

6 네트워크 기술에 대한 설명으로 옳지 않은 것은?

① IPv6는 인터넷 주소 크기가 128비트이고 호스트 자동 설정기능을 제공한다.
② 광대역통합망은 응용 서비스별로 약속된 서비스 레벨 보증(Service Level Agreement) 품질 수준을 보장해줄 수 있다.
③ 모바일 와이맥스(WiMAX)는 휴대형 단말기를 이용해 고속 인터넷 접속 서비스를 제공하는 무선망 기술이다.
④ SMTP(Simple Mail Transfer Protocol)는 사용자 인터페이스 구성방법을 지정하는 전송 계층 프로토콜이다.

ANSWER 5.② 6.④

5 8비트 이진수 값의 최상위비트는 부호비트이다. 부호비트가 0일 경우 양수, 1일 경우 음수이다. 1의 보수에서 양수와 음수 각각의 비트를 반전시키면,

- $11110100_{(2)}$는 $00001011_{(2)}$ → 십진수 11이므로, $11110100_{(2)}$는 −11이다.
- $11011111_{(2)}$는 $00100000_{(2)}$ → 십진수 32이므로, $11011111_{(2)}$는 −32이다.

따라서 $11110100_{(2)} + Y = 11011111_{(2)}$에서 Y = −21이다.

21은 이진수로 $00010101_{(2)}$이므로 Y = $11101010_{(2)}$이다.

6 ① **IPv6** : 인터넷 프로토콜 스택 중 네트워크 계층의 프로토콜로서 버전6 인터넷 프로토콜로 제정된 차세대 인터넷 프로토콜이다. IPv4의 주소공간을 4배 확장한 128비트 인터넷 주소 체계로 인터넷 프로토콜 주소공간을 128비트로 확장하여 주소의 개수를 크게 증가시키고 패킷 처리에 대한 오버헤드를 줄이기 위해 새로운 헤더 포맷을 도입한 것이 특징이다.

② **광대역통합망**(BcN) : 음성, 데이터, 유무선 등 통신, 방송, 인터넷이 융합된 품질보장형 광대역 멀티미디어 서비스를 언제 어디서나 끊김없이 안전하게 이용할 수 있는 차세대 통합 네트워크

③ **모바일 와이맥스**(WiMAX) : 시속 120㎞ 이상 고속으로 이동 중인 차량이나 기차 안에서도 유선 인터넷 속도 이상으로 무선 인터넷 서비스를 즐길 수 있는 기술로 와이브로(WiBro)는 국내 서비스 이름이며 모바일 와이맥스가 국제적으로 통용되는 명칭이다.

④ **SMTP**(Simple Mail Transfer Protocol) : TCP/IP의 상위층 응용 프로토콜의 하나로 컴퓨터 간에 전자 우편을 전송하기 위한 프로토콜이다.

7 스레싱(Thrashing)에 대한 설명으로 옳지 않은 것은?

① 프로세스의 작업 집합(Working Set)이 새로운 작업 집합으로 전이 시 페이지 부재율이 높아질 수 있다.

② 작업 집합 기법과 페이지 부재 빈도(Page Fault Frequency) 기법은 한 프로세스를 중단(Suspend)시킴으로써 다른 프로세스들의 스레싱을 감소시킬 수 있다.

③ 각 프로세스에 설정된 작업 집합 크기와 페이지 프레임 수가 매우 큰 경우 다중 프로그래밍 정도(Degree of Multiprogramming)를 증가시킨다.

④ 페이지 부재 빈도 기법은 프로세스의 할당받은 현재 페이지 프레임 수가 설정한 페이지 부재율의 하한보다 낮아지면 보유한 프레임 수를 감소시킨다.

8 인공신경망에 대한 설명으로 옳은 것만을 모두 고른 것은?

㉠ 단층 퍼셉트론은 배타적 합(Exclusive-OR) 연산자를 학습할 수 있다. ㉡ 다층 신경망은 입력 층, 출력 층, 하나 이상의 은닉 층들로 구성된다. ㉢ 뉴런 간 연결 가중치(Connection Weight)를 조정하여 학습한다. ㉣ 생물학적 뉴런 망을 모델링한 방식이다.

① ㉠, ㉡, ㉢
② ㉠, ㉡, ㉣
③ ㉠, ㉢, ㉣
④ ㉡, ㉢, ㉣

ANSWER 7.③ 8.④

7 ㉠ 스레싱(Thrashing) : 교체된 페이지가 얼마 지나지 않아 다시 사용되는 반복적인 페이지 발생하는 상황

㉡ 스레싱의 원인

- 운영체제는 CPU의 이용률을 검사해 CPU 이용률이 너무 낮을 경우 새로운 프로세스를 시스템에 더 추가해서 다중 프로그래밍의 정도를 높인다.
- 페이지 교체가 필요하다면 이미 활발하게 사용되는 페이지들로 구성되어 있으므로 어떤 페이지가 교체되든지 바로 다시 페이지 교체를 할 것이며 이런 현상이 일어날 경우 다중 프로그래밍 정도를 낮춰 스레싱을 해결할 수 있다.

㉢ 페이지 부재 빈도 : 페이지 부재 빈도방식은 보다 더 직접적으로 스레싱을 조절할 수 있으며 페이지 부재율의 상한과 하한을 정해놓고 페이지 부재율이 상한을 넘으면 그 프로세스에게 프레임을 더 할당해 주고 하한보다 낮아지면 그 프로세스의 프레임 수를 줄인다.

8 인공신경망 … 사람의 두뇌를 모델로 하여 여러 정보를 처리하는 데 두뇌와 비슷한 방식으로 처리하기 위한 알고리즘

㉠ 퍼셉트론(perceptron)은 인공신경망의 한 종류로서, 1957년에 코넬 항공 연구소(Cornell Aeronautical Lab)의 프랑크 로젠블라크(Frank Rosenblatt)에 의해 고안 되었다. 단층 퍼셉트론은 XOR 연산이 불가능하지만, 다층 퍼셉트론으로는 XOR 연산이 가능함을 보였다.

9 **다음 Java 프로그램의 출력 값은?**

```
class Super {
    Super() {
        System.out.print('A');
    }

    Super(char x) {
        System.out.print(x);
    }
}

class Sub extends Super {
    Sub() {
        super();
        System.out.print('B');
    }

    Sub(char x) {
        this();
        System.out.print(x);
    }
}

public class Test {
    public static void main(String[] args) {
        Super s1 = new Super('C');
        Super s2 = new Sub('D');
    }
}
```

① ABCD ② ACBD

③ CABD ④ CBAD

ANSWER 9.③

9 상속이란 A클래스가 B클래스에 정의된 필드와 메소드를 사용할 수 있도록 만드는 것을 말하며 A는 부모클래스, B는 자식(extends)클래스가 된다. 이를 슈퍼 클래스(A)와 서브 클래스(B)라고 한다.

자바에서 모든 클래스는 Object라고 하는 클래스를 상속받으며 이는 아무 것도 상속받지 않은 클래스도 포함한다.

① Super s1 = new Super('C');에서 상위클래스 super 객체인 s1을 생성하는 동시에 메소드가 실행되어 Super('C')이므로 상위 클래스 super의 Super(char x)가 실행되어 'C'가 출력된다.

② Super s2 = new Sub('D')에서 상위 클래스 super 클래스를 참조하는 Sub 타입 객체 S2를 생성하고 Sub('D')에 의해 선언과 동시에 메소드를 실행되며 Sub('D')이므로 Sub클래스의 Sub(char x) 메소드가 실행된다.

- Sub(char x) 메소드의 첫줄은 this() 메소드로 자기 자신의 생성자를 호출함으로써 생성자의 초기화 과정을 생략할 수 있게 해주는 메소드이다.
- this()에 의해 자기 자신의 생성자이 Sub가 매개변수 없이 Sub()로 호출 되며 Sub() 메소드 안에서 super() 메소드를 만나 super()는 상속받은 바로 위 클래스의 생성자를 호출하는 메소드이다.
- super()에 의해 상위 클래스인 Super가 매개변수 없이 super()로 호출되어, 'A'를 출력 한다.

③ sub() 메소드로 돌아와 super() 아래 행인 System.out.print('B'); 을 실행하여 'B'가 출력된다.

④ Sub(char x) 메소드로 돌아와 this(); 아래 행인 System .out.print(x); 행이 실행되어 처음 생성 시 넘겨받은 'D'가 출력된다.

결과 : CABD

10 개발자가 사용해야 하는 서브시스템의 가장 앞쪽에 위치하면서 서브시스템에 있는 객체들을 사용할 수 있도록 인터페이스 역할을 하는 디자인 패턴은?

① Facade 패턴
② Strategy 패턴
③ Adapter 패턴
④ Singleton 패턴

11 해싱(Hashing)에 대한 설명으로 옳지 않은 것은?

① 서로 다른 탐색키가 해시 함수를 통해 동일한 해시 주소로 사상될 수 있다.
② 충돌(Collision)이 발생하지 않는 해시 함수를 사용한다면 해싱의 탐색 시간 복잡도는 O(1)이다.
③ 선형 조사법(Linear Probing)은 연결리스트(Linked List)를 사용하여 오버플로우 문제를 해결한다.
④ 폴딩함수(Folding Function)는 탐색키를 여러 부분으로 나누어 이들을 더하거나 배타적 논리합을 하여 해시 주소를 얻는다.

ANSWER 10.① 11.③

10 디자인 패턴 … 자주 사용하는 설계 형태를 정형화해서 이를 유형별로 설계 템플릿을 만들어둔 것을 말한다. 디자인 패턴을 사용하면 효율성과 재사용성을 높일 수 있다.

① 퍼사드 패턴(Facade Pattern) : 개발자가 사용해야 하는 서브 시스템의 가장 앞쪽에 위치하면서 하위 시스템에 있는 객체들을 사용할 수 있도록 하는 역할로 시스템의 복잡성을 줄이기 위해 서브 시스템을 구조화하고 서브 시스템으로의 접근을 하나의 퍼사드 객체로 제공하는 패턴이다.
② 스트레티지(Strategy Pattern) : 알고리즘을 담당하는 각각의 클래스를 만들어 책임을 분산하기 위한 목적으로 만든 행위 패턴이다.
③ 어댑터 패턴(Adapter Pattern) : 클래스의 인터페이스를 사용자가 기대하는 다른 인터페이스로 변환하는 패턴으로 호환성이 없는 인터페이스 때문에 함께 동작할 수 없는 클래스들이 함께 동작하도록 해준다.
④ 싱글톤 패턴(Singleton Pattern) : 객체의 생성에 관련된 패턴으로서 특정 클래스의 인스턴스가 오직 하나임을 보장하고 이 인스턴스에 접근할 방법을 제공한다.

11 ㉠ 해싱 : 키(Key) 값을 해시 함수(Hash Function)라는 수식에 대입시켜 계산한 후 나온 결과를 주소로 사용하여 바로 값(Value)에 접근하게 할 수 하는 방법이다.
㉡ 선형 조사법(Linear Probing) : 특정 버켓에서 충돌이 발생하면 해시테이블에서 비어있는 버켓을 찾는 방법이다.
㉢ 폴딩법(Folding) : 키(Key)를 마지막 부분을 제외한 모든 부분의 길이가 동일하게 여러 부분으로 나누고, 이들 부분을 모두 더하거나 XOR 연산을 하여 버킷 주소(인덱스)로 이용하는 방법이다.
㉣ 체이닝 : 각 버킷은 고정된 개수의 슬롯 대신 유동적인 크기를 갖는 연결 리스트로 구성되며 충돌 뿐만 아니라 오버플로우 문제도 해결된다.

12 **소프트웨어 모듈 평가 기준으로 판단할 때, 다음 4명 중 가장 좋게 설계한 사람과 가장 좋지 않게 설계한 사람을 순서대로 바르게 나열한 것은?**

> • 철수 : 절차적 응집도 + 공통 결합도
> • 영희 : 우연적 응집도 + 내용 결합도
> • 동수 : 기능적 응집도 + 자료 결합도
> • 민희 : 논리적 응집도 + 스탬프 결합도

① 철수, 영희 ② 철수, 민희

③ 동수, 영희 ④ 동수, 민희

ANSWER 12.③

12 동수는 기능적 응집도와 자료 결합도를 이용하여 모듈 간의 결합도를 최소화하여 모듈의 독립성을 높인 것을 의미하는 것으로 가장 좋게 설계하였으며 영희는 반대로 우연적 응집도와 내용 결합도로 가장 좋지 않게 설계를 하였다.

㉠ **소프트웨어 설계기법** : 모듈의 평가기준으로 응집도와 결합도가 있다.

㉡ **응집도** : 한 모듈 내에 있는 구성요소의 기능적 관련성을 평가하는 기준으로 응집도가 높을수록 모듈의 독립성은 높아진다.

• 응집도의 순서 : 기능적 응집도 → 순차적 응집도 → 통신적 응집도 → 절차적 응집도 → 시간적 응집도 → 논리적 응집도 → 우연적 응집도

• 기능적 응집도 : 하나의 기능을 수행하는데 필요한 요소만 포함한 경우

• 구조도 최하위 모듈에서 발견

–순차적 응집도 : 하나의 기능에서 생성된 출력자료가 다음 기능의 입력자료로 사용된 경우

–통신적 응집도 : 동일한 자료를 사용하지만, 자료에 대한 처리 절차가 완전히 다르고 서로 관계가 없는 경우

–절차적 응집도 : 입출력을 공유하지 않으나 순서에 따라서 수행될 필요가 있는 경우

–시간적 응집도 : 특정한 시점에서 작업을 수행

–논리적 응집도 : 유사한 기능들이 하나의 모듈 안에 구성된 경우

–우연적 응집도 : 관계없는 요소들로 구성된 모듈

㉢ **결합도** : 두 모듈 간의 상호 의존도를 측정하는 것으로 좋은 설계는 모듈 간의 결합도를 최소화하여 모듈의 독립성을 높인 것을 의미한다.

• 모듈의 결합도 순서 : 자료 결합도 → 스태프 결합도 → 제어 결합도 → 외부 결합도 → 공통 결합도 → 내용 결합도

–자료 결합도 : 단순한 매개변수 전단

–스태프 결합도 : 모듈 간 자료구조 전달 결합

–제어 결합도 : 호출하는 모듈이 호출되어 지는 모듈이 제어를 지시하는 데이터를 매개변수로 사용

–외부 결합도 : SW 외부환경과 연관

–공통 결합도 : 많은 모듈이 전역 변수를 참조

–내용 결합도 : 특정 모듈이 다른 모듈의 내부 자료나 제어정보를 사용

13 자료구조에 대한 설명으로 옳지 않은 것은?

① 데크는 삽입과 삭제를 한쪽 끝에서만 수행한다.
② 연결리스트로 구현된 스택은 그 크기가 가변적이다.
③ 배열로 구현된 스택은 구현이 간단하지만 그 크기가 고정적이다.
④ 원형연결리스트는 한 노드에서 다른 모든 노드로 접근이 가능하다.

14 IPv4가 제공하는 기능만을 모두 고른 것은?

㉠ 혼잡제어	㉡ 인터넷 주소지정과 라우팅
㉢ 신뢰성 있는 전달 서비스	㉣ 패킷 단편화와 재조립

① ㉠, ㉡
② ㉡, ㉢
③ ㉡, ㉣
④ ㉢, ㉣

ANSWER 13.① 14.③

13 선형구조 … 배열(선형리스트), 연결리스트, 스택, 큐, 데크로 데이터가 연속적으로 연결되어 있는 모양으로 구성하는 방법
① 데크(Deque) : 양쪽에서 삽입과 삭제가 가능한 자료구조
② 연결리스트(linked list) : 스택과 큐 등의 자료구조를 배열을 이용하여 구현하면 구현이 간단하고 빠르다는 장점이 있지만 크기가 고정된다는 단점이 있다.
③ 배열(Array) : 동일한 특성을 가지며 일정한 규칙에 따라 여러 요소가 나열되어 있는 데이터들의 집합을 배열은 같은 형태를 지닌 데이터들이 동일한 크기의 순서를 갖고 나열되어 있는 집합
④ 원형연결리스트(Circular Linked List) : 리스트를 구성하고 있는 노드 중에서 맨 마지막과 맨 처음에 있는 노드 사이에 링크가 존재하는 리스트

14 ㉠ IPv4(Internet Protocol version 4) : IPv4는 현재 인터넷 및 TCP/IP 네트워크에서 활용하는 IP 주소(address) 체계이며, 특징으로는 신뢰성이 보장되지 않는 비연결지향 구조, 주소지정, 패킷 경로설정 및 라우팅 기능이 있다.
㉡ TCP(Transmission Control Protocol)
- IP프로토콜 위에서 연결형 서비스를 지원하는 전송계층 프로토콜이다.
- 특징으로는 연결형 서비스를 제공, 전이중(FullDuplex) 방식의 양방향 가상 회선을 제공, 신뢰성 있는 데이터 전송을 보장한다.

15 **결정 명령문 내의 각 조건식이 참, 거짓을 한 번 이상 갖도록 조합하여 테스트 케이스를 설계하는 방법은?**

① 문장 검증 기준(Statement Coverage)

② 조건 검증 기준(Condition Coverage)

③ 분기 검증 기준(Branch Coverage)

④ 다중 조건 검증 기준(Multiple Condition Coverage)

16 **가상 머신(Virtual Machine)에 대한 설명으로 옳지 않은 것은?**

① 단일 컴퓨터에서 가상화를 사용하여 다수의 게스트 운영체제를 실행할 수 있다.

② 가상 머신은 사용자에게 다른 가상 머신의 동작에 간섭을 주지 않는 격리된 실행환경을 제공한다.

③ 가상 머신 모니터(Virtual Machine Monitor)를 사용하여 가상화하는 경우 반드시 호스트 운영체제가 필요하다.

④ 자바 가상 머신은 자바 바이트 코드가 다양한 운영체제 상에서 수행될 수 있도록 한다.

ANSWER 15.② 16.③

15 테스트 케이스 선정기준 … 모든 가능한 실행 경로를 테스트 할 수 없으므로 적정 수의 테스트 경로를 실행해야 하며 효과적인 테스트 케이스의 집합을 구했는지 또는 테스트 작업이 적정한지를 판단하는 기준

① 문장 검증 기준(Statement Coverage) : 프로그램의 모든 문장을 한 번 이상 실행

② 조건 검증 기준(Condition Coverage) : 모든 분기점에서 조건식을 구성하는 단일 조건의 참과 거짓을 한 번 이상 실행

③ 분기 검증 기준(Branch Coverage) : 모든 분기점에서 참과 거짓에 해당하는 경로를 한 번 이상 실행

④ 다중 조건 검증 기준(Multiple Condition Coverage) : 조건식을 구성하는 단일 조건식들의 모든 가능한 참/거짓 조합을 한 번 이상 실행

16 ㉠ 가상 머신(Virtual Machine, VM) : 한 컴퓨터의 하드웨어가 다수의 실행 환경을 제공하도록 추상화하는 것으로 각 개별적인 실행 환경이 자신만의 독립된 컴퓨터를 사용하는 환경을 제공하는 것

㉡ 가상 머신 모니터(Virtual Machine Monitor) : 가상화를 제공하는 소프트웨어 계층은 가상 머신 모니터 또는 하이퍼바이저라고 한다. 하이퍼바이저는 순 그대로의 하드웨어 또는 호스트 운영 체제 위에서 실행

17 IEEE 802.11 무선 랜에 대한 설명으로 옳은 것은?

① IEEE 802.11a는 5 GHz 대역에서 5.5Mbps의 전송률을 제공한다.
② IEEE 802.11b는 직교 주파수 분할 다중화(OFDM) 방식을 사용하여 최대 22Mbps의 전송률을 제공한다.
③ IEEE 802.11g는 5 GHz 대역에서 직접 순서 확산 대역(DSSS) 방식을 사용한다.
④ IEEE 802.11n은 다중입력 다중출력(MIMO) 안테나 기술을 사용한다.

18 데이터베이스의 동시성 제어에 대한 설명으로 옳지 않은 것은? (단, T1, T2, T3는 트랜잭션이고, A는 데이터 항목이다)

① 다중버전 동시성 제어 기법은 한 데이터 항목이 변경될 때 그 항목의 이전 값을 보존한다.
② T1이 A에 배타 로크를 요청할 때, 현재 T2가 A에 대한 공유 로크를 보유하고 있고 T3가 A에 공유 로크를 동시에 요청한다면, 트랜잭션 기아 회피기법이 없는 경우 A에 대한 로크를 T3가 T1보다 먼저 보유한다.
③ 로크 전환이 가능한 상태에서 T1이 A에 대한 배타 로크를 요청할 때, 현재 T1이 A에 대한 공유 로크를 보유하고 있는 유일한 트랜잭션인 경우 T1은 A에 대한 로크를 배타 로크로 상승할 수 있다.
④ 2단계 로킹 프로토콜에서 각 트랜잭션이 정상적으로 커밋될 때까지 자신이 가진 모든 배타적 로크들을 해제하지 않는다면 모든 교착상태를 방지할 수 있다.

ANSWER 17.④ 18.④

17 IEEE 802.11 … 무선 인터넷을 위한 일련의 표준 규격
④ IEEE 802.11n : 최고 600Mbps / 2.4GHz과 5GHz 대역 사용
MIMO와 40MHz 채널 대역폭을 가진 물리 계층, 맥 계층의 프레임 집적 기술
① IEEE 802.11a : 최고 54Mbps 속도 / 5GHz / OFDM 기술
② IEEE 802.11b : 최고 전송속도 11 Mbps이나 실제로는 6-7Mbps 정도의 효율 / 2.4GHz 대역 / HR-DSSS기술
③ IEEE 802.11g : 최고 24 또는 54Mbps / 2.4GHz 대역 / OFDM, DSSS기술로 널리 사용되고 있는 802.11b 규격과 쉽게 호환

18 2단계 로킹 프로토콜(Two Phase Locking Protocol) … 확장 단계와 축소 단계라는 2개의 단계로 구성된 로킹 기법이다. 이 기법은 트랜잭션 스케줄의 직렬성을 보장해 주지만, 교착상태가 발생할 수 있다는 단점이 있다.
㉠ 확장단계(Growing Phase) : 트랜잭션들이 LOCK연산만 수행할 수 있고, UNLOCK이 불가능하다.
㉡ 축소단계(Shrinking Phase) : 트랜잭션들이 UNLOCK연산만 수행할 수 있고, LOCK이 불가능하다.

19 파일구조에 대한 설명으로 옳지 않은 것은?

① VSAM은 B+ 트리 인덱스 구조를 사용한다.

② 히프 파일은 레코드들을 키 순서와 관계없이 저장할 수 있다.

③ ISAM은 레코드 삽입을 위한 별도의 오버플로우 영역을 필요로 하지 않는다.

④ 순차 파일에서 일부 레코드들이 키 순서와 다르게 저장된 경우, 파일 재구성 과정을 통해 키 순서대로 저장될 수 있다.

ANSWER 19.③

19 ㉠ **색인 순차 접근 방식**(ISAM ; Index Sequential Access Method) : 순차 파일과 직접 파일의 방법이 결합된 형태로 각 레코드를 키 값 순으로 논리적으로 저장하고, 시스템은 각 레코드의 실제 주소가 저장된 색인을 관리한다.
색인 순차 파일은 기본 영역, 색인 영역, 오버플로 영역으로 구성된다.

- **기본 영역**(Prime Area) : 실제 레코드가 기록되는 데이터 영역으로, 각 레코드들은 키 값 순으로 저장된다.
- **색인 영역**(Index Area) : 기본 영역에 있는 레코드들의 위치를 찾아가는 색인이 기록되는 영역으로, 트랙 색인 영역, 실린더 색인 영역, 마스터 색인 영역으로 분류한다.
- **오버플로 영역**(Overflow Area) : 기본 영역에 빈 공간이 없어서 새로운 레코드의 삽입이 불가능할 때를 대비하여 예비로 확보해 둔 영역이다.

㉡ **히프 파일** : 가장 단순한 파일 조직으로 레코드들이 삽입된 순서대로 파일에 저장되며 레코드들 간의 순서를 따지지 않고 파일의 가장 끝에 첨부되기 때문에 삽입 시 성능이 좋다.

㉢ **VSAM** : B+ 트리 인덱스 구조 기법을 이용하는 대표적인 인덱스된 순차 파일 구성

20 다음 C 프로그램의 출력 값은?

```
#include <stdio.h>

int a = 10;
int b = 20;
int c = 30;

void func(void)
{
    static int a = 100;
    int b = 200;

    a++;
    b++;
    c = a;
}

int main(void)
{
    func();
    func();

    printf("a = %d, b = %d, c = %d₩n", a, b, c);

    return 0;
}
```

① a = 10, b = 20, c = 30

② a = 10, b = 20, c = 102

③ a = 101, b = 201, c = 101

④ a = 102, b = 202, c = 102

ANSWER 20.②

20 • int a = 10;, int b = 20;, int c = 30; → 전역변수 선언

func 함수 내부에 선언된 static int a와 int b는 지역변수이며 static int a는 지역변수이면서 정적변수이다.

• main함수 실행되어 첫 번째 func 실행 후 지역변수 b=200 생성

• a++;

b++;

c=a;

a++; 정적 변수 a 값 1 증가하여 101

b++; 지역 변수 b 값 1 증가하여 201

c는 a;값으로 101

• main() 함수 복귀 후

정적변수 = 101

a++; → 정적 a값 1 증가로 102

b++; → 두 번째 fumc() 함수 실행하여 b=200 생성되며 b값 1 증가하여 201이 된다.

c는 a;값으로 102

• main() 함수 복귀 후

printf() 실행하여 a, b, c 모두 전역변수 값 출력

전역변수 a, b는 값 변경 없이 a=10, b=20 그대로 출력

c는 102 값이 출력

컴퓨터일반 2018. 5. 19. 제1회 지방직 시행

1 선형 자료구조에 해당하지 않는 것은?

① 큐 ② 스택
③ 이진 트리 ④ 단순 연결 리스트

2 비트열(bit string) A를 2의 보수로 표현된 부호 있는(signed) 2진 정수로 해석한 값은 −5이다. 비트열 A를 1의 보수로 표현된 부호 있는 2진 정수로 해석한 값은?

① −4 ② −5
③ −6 ④ −7

ANSWER 1.③ 2.①

1 ㉠ 선형구조
- 데이터가 연속적으로 연결되어 있는 모양으로 구성하는 방법
- 종류 : 배열(선형리스트), 연결리스트, 스택, 큐, 데크

㉡ 비선형구조
- 트리나 그래프와 같은 구조로 포인터 등을 사용하여 데이터를 연결하면 그 결과가 데이터가 일직선상에 표시되거나 하나의 원상에 표시되는 구조
- 종류 : 트리, 그래프

2

부호 있는 2진 정수 2의 보수 해석값 : -5	양수 : 5, 0101 1의 보수 : −5, 1010 2의 보수 : −5, 1011	비트열 A 값 : 1011
비트열 A 1의 보수 해석값	1의 보수 : 1011은 양수의 반전 값이므로 양수는 4, 0100이다.	비트열 A 값 : −4, 1011

→ 컴퓨터는 덧셈 밖에 하지 못하기 때문에 뺄셈을 계산하기 위해 만든 방법은 1의 보수, 2의 보수이다. 보수는 보충해 주는 수의 의미로 빼기를 사용하기 위한 용어로 부호화된 수를 표현할 때 1100처럼 4개의 숫자로 이루어져 있는 걸 4비트 수라고 하며 맨 앞자리 수에 0이 오면 +(양수), 1이 오면 −(음수) 부호를 갖는다.

㉠ 1의 보수 표현 방법
- 먼저 주어진 수를 음수로 만들 때는 맨 앞자리의 수를 1로 바꾼다.
- 맨 앞자리를 제외한 나머지 숫자에 대해 1은 0으로 0은 1로 바꾼다.

㉡ 2의 보수 표현방법 : 1의 보수로 바꾼 다음 맨 마지막에 1을 더해준다.

3 직원 테이블 emp의 모든 레코드를 근무연수 wyear에 대해서는 내림차순으로, 동일 근무연수에 대해서는 나이 age의 오름차순으로 정렬한 결과를 얻기 위한 SQL 질의문은?

① SELECT * FROM emp ORDER BY age, wyear DESC;

② SELECT * FROM emp ORDER BY age ASC, wyear;

③ SELECT * FROM emp ORDER BY wyear DESC, age;

④ SELECT * FROM emp ORDER BY wyear, age ASC;

4 다음에서 설명하는 디스크 스케줄링은?

> 디스크 헤드가 한쪽 방향으로 트랙의 끝까지 이동하면서 만나는 요청을 모두 처리한다. 트랙의 끝에 도달하면 반대 방향으로 이동하면서 만나는 요청을 모두 처리한다. 이러한 방식으로 헤드가 디스크 양쪽을 계속 왕복하면서 남은 요청을 처리한다.

① 선입 선처리(FCFS) 스케줄링
② 최소 탐색 시간 우선(SSTF) 스케줄링
③ 스캔(SCAN) 스케줄링
④ 라운드 로빈(RR) 스케줄링

ANSWER 3.③ 4.③

3 SELECT … 조건에 따라 검색할 수도 있고 일정한 기준으로 그룹을 지어 검색하거나 검색결과를 오름차순 또는 내림차순으로 정렬할 수 있다.

㉠ 기본형식
- SELECT[DISTINCT]칼럼명[, 칼럼명]
- FROM테이블명[, 테이블명…]
- [WHERE 조건,조건,,,]
- [GROUP BY 칼럼명[HAVING 조건]]
- [ORDER BY 칼럼명[asc | desc]]

㉡ SELECT ~ FROM 문을 사용하여 데이터를 가져오면 아무런 순서 없이 출력되는데 기본적으로 데이터를 가져올 때는 ORDER BY 절을 이용하여 정렬한다.

㉢ 기본적으로 정렬 방향을 지정해주지 않으면 ORDER BY 절은 오름차순으로 적용된다.
- ASCENDING(ASC)　　ORDER BY '열이름' ASC : 오름차순(A~Z)
- DESCENDING(DESC)　　ORDER BY '열이름' DESC : 내림차순(Z~A)

4 ① **선입 선처리(FCFS) 스케줄링** : 요청이 도착한 순서에 따라 처리하며 프로그램하기 쉽고 어떤 요청도 무기한 연기되는 경우가 없으며 본질적으로 공평성이 유지됨

② **최소 탐색 시간 우선(SSTF) 스케줄링** : 디스크 요청을 처리하기 위해서 헤드가 먼 곳까지 이동하기 전에 현재 헤드 위치에 가까운 모든 요구를 먼저 처리하는 방법

③ **스캔(SCAN) 스케줄링** : 입출력 헤드가 디스크의 한 끝에서 다른 끝으로 이동하며 한쪽 끝에 도달했을 때는 역방향으로 이동하면서 요청한 트랙을 처리

④ **라운드 로빈(RR) 스케줄링** : 시분할 시스템을 위해 설계된 선점형 스케줄링의 하나로서 프로세스들 사이에 우선순위를 두지 않고 순서대로 시간단위로 CPU를 할당하는 방식의 CPU 스케줄링 알고리즘

5 **정보량의 크기가 작은 것에서 큰 순서대로 바르게 나열한 것은? (단, PB, TB, ZB, EB는 각각 petabyte, terabyte, zettabyte, exabyte이다)**

① 1PB, 1TB, 1ZB, 1EB
② 1PB, 1TB, 1EB, 1ZB
③ 1TB, 1PB, 1ZB, 1EB
④ 1TB, 1PB, 1EB, 1ZB

6 **다음에서 설명하는 RAID 레벨은?**

> • 블록 단위 스트라이핑(striping)을 통해 데이터를 여러 디스크에 분산 저장한다.
> • 패리티를 패리티 전용 디스크에 저장한다.

① RAID 레벨 1
② RAID 레벨 2
③ RAID 레벨 4
④ RAID 레벨 5

ANSWER 5.④ 6.③

5 데이터용량 단위

	10^3	10^6	10^9	10^12	10^15	10^18	10^21	10^24
1Byte	1KB	1MB	1GB	1TB	1PB	1EB	1ZB	1YB
1바이트	킬로(kilo)	메가(mega)	기가(giga)	테라(tera)	페타(peta)	엑사(exa)	제타(zetta)	요타(yotta)

6 RAID(Redundant Array of Inexpensive/Independent Disk) … 여러 디스크를 하나의 디스크처럼 사용할 수 있도록 하면서 동시에 신뢰성을 높이고 성능을 향상시킬 수 있는 저장 장치이다. RAID의 종류로는 크게 하드웨어 RAID와 소프트웨어 RAID가 있다. 하드웨어 RAID의 단점은 안정성이 높은 반면 가격이 비싸다. 소프트웨어 RAID는 신뢰성이나 속도가 하드웨어 RAID에 비해 떨어질 수 있으나 비용이 저렴한 것이 장점이다.

- RAID 0 : 일반적으로 2개 이상의 하드를 병렬로 연결해서 데이터를 블록 단위로 분산해서 읽고 쓰는 방식
- RAID 1 : 디스크 미러링이라고 하며 데이터의 안정성을 높이기 위해 동일한 데이터를 가진 적어도 두 개의 드라이브로 구성
- RAID 2 : 병렬접근기법 사용, 데이터는 동기화되며 여분의 디스크 비용이 고가
- RAID 3 : 배열이 아무리 크더라도 여분의 디스크는 한 개만 있으면 되며 모든 데이터 디스크와 같은 위치에 있는 비트들에 대하여 계산되는 패리티비트 사용
- RAID 4 : 각 디스크는 독립된 액세스 기법을 사용하며 높은 입력과 출력 요구율에 적합
- RAID 5 : RAID4와 유사한 방식으로 패리티 스트립이 모든 디스크에 분산 저장되며 주로 네트워크 서버내에서 사용
- RAID 6 : 두 가지 패리티가 계산되며 서로 다른 디스크들의 각각 분리된 블록에 저장
- RAID 7 : 하드웨어 컨트롤러에 내장되어 있는 실시간 운영체제를 구성하는 방식
- RAID 10 : RAID 0+1의 반대 개념으로 디스크 2개를 먼저 미러링으로 구성하고 해당 그룹을 다시 스트라이핑 하는 방식

7 **소프트웨어 개발을 위한 애자일 기법에 대한 설명으로 옳은 것은?**

① 소프트웨어를 점증적으로 개발한다.

② 작동하는 소프트웨어보다 포괄적인 문서에 더 가치를 둔다.

③ 계획에 따라 단계적으로 개발하므로 변화에 대응하기 어렵다.

④ 고객과의 협업보다 계약 협상을 더 중요시한다.

8 **2-way 집합 연관 사상(set-associative mapping) 방식을 사용하는 캐시 기억장치를 가진 컴퓨터가 있다. 캐시 기억장치 접근(access)을 위해 주기억장치 주소가 다음 세 필드(field)로 구분된다면, 캐시 기억장치의 총 라인(line) 개수는?**

태그(tag) 필드	세트(set) 필드	오프셋(offset) 필드
8비트	9비트	7비트

① 128개　② 256개

③ 512개　④ 1,024개

ANSWER 7.① 8.④

7 ㉠ 애자일 기법 : 짧은 개발 주기와 지속적인 테스트, 테스트에서 배운 내용을 다시 개발에 반영하는 것을 강조

㉡ 애자일 소프트웨어 개발 선언
- 공정과 도구보다 개인과 상호작용
- 포괄적인 문서보다 작동하는 소프트웨어
- 계약 협상보다 고객과의 협력
- 계획을 따르기보다 변화에 대응하기

8 ㉠ 집합 연관 사상 : 직접사상과 연관사상 방식을 조합한 방식으로 하나의 주소 영역이 서로 다른 태그를 갖는 여러 개의 집합으로 이루어지는 방식

㉡ 2-way 집합 연관 사상
- 하나의 집합이 2개의 슬롯으로 구성된 것으로 블록은 주기억장치에서 한꺼번에 인출되는 데이터 그룹이다.
- 주소구조에서 세트필드가 9비트이므로 집합번호를 9비트로 표현한다는 의미로 $2^9 = 512$, 총 집합의 개수는 512개이다.

→ 결과 : 캐시의 전체 라인수는 2 * 512 = 1024개이다.

9 다음 C 프로그램의 출력 결과는?

```
#include <stdio.h>
#define SIZE 3
void func(int *m, int *a, int b);

int main(void){
        int num[SIZE] = { 1, 3, 6 };
        int a=10, b=30;

        func(num, &a, b);
        printf("a = %d, b = %d₩n", a, b);

        return 0;
}
void func(int *m, int *x, int y){
        int i = 0, n = 0;
        y = *x;
        n = *(m + 1) + (*m + 2);
        *x = ++n;
}
```

① a = 7, b = 10 ② a = 7, b = 30

③ a = 10, b = 10 ④ a = 10, b = 30

ANSWER 9.②

9

```
#include <stdio.h>
#define SIZE 3
void func(int *m, int *a, int b);

int main(void){
        int num[SIZE] = { 1, 3, 6 };        → num 배열은 지역변수 선언
        int a = 10, b = 30;                 → 정수형변수 a, b가 지역변수로 선언

        func(num, &a, b);                   → num 배열과 변수 a는 주소값으로 보내고, b는 값을 복사 받아 y
        printf("a = %d, b = %d\n", a, b);     =30이 입력된다.

        return 0;
}                                           → *x는 주소인 x가 가리키는 값을 의미하며 x에는 a의 주소가 있
void func(int *m, int *x, int y){             으므로 *x=a에 해당한다.
        int i = 0, n = 0;
        y = *x;                             → y에 a의 값인 10이 입력
        n = *(m + 1) + (*m + 2);            → m은 배열 num의 주소, m + 1은 배열 num의 2번째 요소의 주
        *x = ++n;                             소가 된다.
}                                           → ++이 앞에 붙어 있으므로 먼저 n값을 1 증가시키고 x값인 a에 7
                                              을 넣는다.
```

main()함수로 복귀하여 a, b값을 출력
a는 변경된 값 7 출력, b는 func()함수의 y값만 복사했으므로 b의 값은 입력된 30 그대로 출력된다.

10 TCP 프로토콜에 대한 설명으로 옳지 않은 것은?

① 전이중(full duplex) 연결 서비스를 제공한다.

② 3-way 핸드셰이크(handshake)를 사용하여 연결을 설정한다.

③ 흐름제어(flow control)와 혼잡제어(congestion control)를 제공한다.

④ TCP 세그먼트(segment)에서 검사합(checksum)의 포함은 선택 사항이다.

11 사용자가 인터넷 등을 통해 하드웨어, 소프트웨어 등의 컴퓨팅 자원을 원격으로 필요한 만큼 빌려서 사용하는 방식의 서비스 기술은?

① 클라우드 컴퓨팅

② 유비쿼터스 센서 네트워크

③ 웨어러블 컴퓨터

④ 소셜 네트워크

ANSWER 10.④ 11.①

10 ㉠ TCP(Transmission Control Protocol) : 송 · 수신단 간에 3-way 핸드셰이크(handshake) 방식에 의해 반드시 사전에 정확한 커넥션 설정 후 데이터를 전송하여 체크섬 방식을 통해 에러검출, 재전송 요구 등을 행한다. 현재 데이터처리 버퍼의 용량을 상대에 알려 데이터의 흐름을 적절히 조절하며 송 · 수신단에 데이터 전송을 위한 포트를 각각 할당하여 신뢰서 있는 가상회선 서비스를 제공한다.

㉡ UDP : 데이터의 전송 개시 전 반드시 상호간의 커넥션을 설정하는 TCP와 달리 UDP는 사전에 이러한 커넥션 설정이 이루어 지지 않는다. 데이터의 에러제어, 흐름 제어와는 무관하게 전송되므로 신뢰성 있는 전송제어에는 취약하지만 통신부하를 줄일 수 있다는 장점이 있다.

11 ① 클라우드 컴퓨팅(cloud computing) : 인터넷 서버에서 데이터 저장과 처리, 네트워크, 콘텐츠 사용 등 IT 관련 서비스를 한번에 제공하는 기술

② 유비쿼터스 센서 네트워크(USN, Ubiquitous Sensor Network, u-sensor network) : 각종 센서에서 감지한 정보를 무선으로 수집할 수 있도록 구성한 네트워크

③ 웨어러블 컴퓨터(wearable computer) : 선글라스, 시계 등 착용할 수 있는 작고 가벼운 컴퓨터

④ 소셜 네트워크(social network) : 인터넷상에서 개인 또는 집단이 하나의 인적 관계를 형성한 사회적 관계구조

12 다음 이진 트리의 노드를 전위 순회(preorder traversal)할 경우의 방문 순서는?

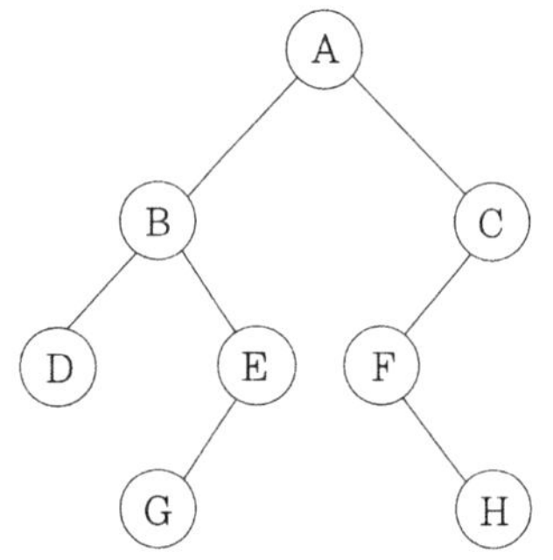

① A − B − C − D − E − F − G − H

② A − B − D − E − G − C − F − H

③ D − B − G − E − A − F − H − C

④ D − G − E − B − H − F − C − A

ANSWER 12.②

12 전위순회(preorder traversal) … 트리 순회 방법에서 각 노드를 방문하는 순서는 먼저 나 자신(A)인 노드를 방문하고 왼쪽 서브트리, 오른쪽 서브트리 순으로 방문하는 방법

※ 전위순회방법

- 루트노드를 방문
- 왼쪽 서브트리를 전위순회
- 오른쪽 서브트리를 전위순회

※ 전위순회 방문순서 : A→B→D→E→G→C→F→H

13 전자메일의 송신 또는 수신을 목적으로 하는 응용 계층 프로토콜에 해당하지 않는 것은?

① IMAP
② POP3
③ SMTP
④ SNMP

14 모바일 기기에 특화된 운영체제에 해당하지 않는 것은?

① iOS
② Android
③ Symbian
④ Solaris

ANSWER 13.④ 14.④

13 ㉠ TCP/IP 4계층 중 4번째 계층인 응용계층에 속해 있는 프로토콜

- TCP : FTP, POP, SMTP, HTTP, HTTPS
  - FTP(TCP포트 : 21) : 파일 전송 프로토콜
  - HTTP(TCP포트 : 80) : 웹브라우저 사용을 위한 프로토콜

㉡ 메일 교환을 위해 사용하는 프로토콜

- SMTP(TCP포트 : 25) : 두 메일 서버 간에 이메일을 송수신하는데 사용하는 프로토콜로 이메일을 메일 서버로 보낼 때 SMTP 사용, 메일서버에서 자신의 이메일을 다운로드할 때 IMAP, POP3 사용
- POP(TCP포트 : 110) : 메일 서버에서 메일을 받아 올 때 사용
- IMAP(TCP포트 :143) : 메일 서버에서 메일을 받아 올 때 사용
- SNMP(Simple Network Management Protocol, 간이 망관리 프로토콜) : TCP/IP의 망관리 프로토콜로 라우터나 허브 등 망기기의 망관리 정보를 망 관리 시스템에 보내는 데 사용되는 표준 통신 규약

14 모바일 운영체제

① iOS : 애플사의 아이폰에 탑재된 모바일 운영체제
② Android : 구글에서 개발한 오픈소스 기반의 모바일 운영체제
③ Symbian : 실시간 처리가 가능한 멀티태스킹 기능을 지원하는 모바일 운영체제
④ Solaris : 선 마이크로시스템즈사의 유닉스 운용체제로 자바프로그램을 실행하는 자바 가상 머신, 유닉스의 그래픽 사용자 인터페이스 규격의 CDE/Desktop과 네트워킹 프로그램을 포함

15 다음 표는 단일 중앙처리장치에 진입한 프로세스의 도착 시간과 그 프로세스를 처리하는 데 필요한 실행 시간을 나타낸 것이다. 비선점 SJF(Shortest Job First) 스케줄링 알고리즘을 사용한 경우, P1, P2, P3, P4 프로세스 4개의 평균 대기 시간은? (단, 프로세스 간 문맥 교환에 따른 오버헤드는 무시하며, 주어진 4개의 프로세스 외에 처리할 다른 프로세스는 없다고 가정한다)

프로세스	도착 시간(ms)	실행 시간(ms)
P1	0	5
P2	3	6
P3	4	3
P4	6	4

① 3ms ② 3.5ms
③ 4ms ④ 4.5ms

ANSWER 15.①

15 ㉠ 비선점 스케줄링 : 비선점 스케줄링에는 FCFS, SJF, HRN, 우선순위, 기한부 알고리즘이 있다.
㉡ SJF(Shortest Job First)
- 준비상태 큐에서 기다리고 있는 프로세스들 중에서 실행시간이 가장 짧은 프로세스에게 먼저 CPU를 할당하는 기법
- 가장 적은 평균 대기시간을 제공하는 최적 알고리즘
- 실행시간이 긴 프로세스는 실행시간이 짧은 프로세스에게 할당 순위가 밀려 무한 연기 상태가 발생

※ 처리순서
- 가장 먼저 들어온 P1을 처리한다.
- 5ms 시점에 대기열에 들어와 있는 P2(6)와 P3(3) 중 실행시간이 짧은 P3(3)를 먼저 실행한다.
- 8ms 시점에 대기열에 있는 P2(6)와 P4(4)중 실행시간이 짧은 P4(4)를 먼저 실행한다.
- 남은 P2(6)를 실행 한다.

프로세스	도착	실행	완료	대기
P1	0	5	5	0
P3	4	3	8	1
P4	6	4	12	2
P2	3	6	18	9

완료시간 − (도착시간 + 실행시간) = 대기시간
따라서 (0 + 1 + 2 + 9) / 4 = 3ms

16 IPv4와 IPv6에 대한 설명으로 옳지 않은 것은?

① IPv4는 비연결형 프로토콜이다.

② IPv6 주소의 비트 수는 IPv4 주소 비트 수의 2배이다.

③ IPv6는 애니캐스트(anycast) 주소를 지원한다.

④ IPv6는 IPv4 네트워크와의 호환성을 위한 방법을 제공한다.

17 순차논리회로(sequential logic circuit)에 해당하는 것은?

① 3-to-8 디코더(decoder)

② 전가산기(full adder)

③ 동기식 카운터(synchronous counter)

④ 4-to-1 멀티플렉서(multiplexer)

ANSWER 16.② 17.③

16 ② IPv4는 총 32비트(4바이트), IPv6는 총 128비트(16바이트)로 4배 차이이다.

IPv4 (Internet Protocol version4)	IPv6 (Internet Protocol version6)
유니캐스트, 브로드캐스트, 멀티캐스트	애니캐스트, 유니캐스트, 멀티캐스트
8비트씩 4자리	16비트씩 8자리
총 32비트(4바이트)	총 128비트(16바이트)

17 ㉠ **순차논리회로**(sequential logic circuit) : 입력 및 현재 상태에 따라 출력 및 다음 상태가 결정되는 논리회로

㉡ **카운터**(counter) : 여러 개의 플립플롭으로 구성되며 레지스터의 특수한 형태이다. 클록펄스와 플립플롭의 상태가 순차적으로 변하는 순차논리회로 이다.

- 동기식카운터 : 모든 플립플롭이 하나의 공통 클록에 연결되어 있어 동시에 공급받도록 구성된 회로
- 비동기식 카운터 : 리플(ripple) 카운터라고도 하며, 플립플롭들이 서로 다른 클록을 사용하는 형태로 구성된 회로

① **3-to-8 디코더**(decoder) : 3개의 입력과 23개의 최소항을 갖는 리코더

② **전가산기**(full adder) : 2진 비트를 덧셈하기 위한 논리회로로 3개의 입력과 2개의 출력을 생성

④ **4-to-1 멀티플렉서**(multiplexer) : 입력이 4개, 출력이 1개인 MUX

18 클록(clock) 주파수가 2GHz인 중앙처리장치를 사용하는 컴퓨터 A에서 프로그램 P를 실행하는 데 10초가 소요된다. 클록 주파수가 더 높은 중앙처리장치를 사용하는 컴퓨터 B에서 프로그램 P를 실행하면, 소요되는 클록 사이클 수는 컴퓨터 A에 대비하여 1.5배로 증가하나 실행 시간은 6초로 감소한다. 컴퓨터 B에 사용된 중앙처리장치의 클록 주파수는? (단, 실행 시간은 중앙처리장치의 실행 시간만을 고려한 것이며 프로그램 P만 실행하여 측정된다)

① 3GHz ② 4GHz
③ 5GHz ④ 6GHz

ANSWER 18.③

18 클록 주파수(clock frequency) : 클록의 발생 간격을 주파수로 표시한 것

예) CPU의 클록 주파수란 CPU가 어떤 일을 처리하는 단계 진행을 결정하는 클록의 속도로 주파수가 높을수록 CPU의 처리 능력이 높다

- 컴퓨터 A 실행시간 10초 = 2GHz
- B컴퓨터에서 클록 사이클 1.5배로 증가(처리량 1.5배)
- 2GHz × 1.5 = 3GHz
- B컴퓨터의 처리 시간은 10초에서 6초로 감소(역수 곱셈)
- 2GHz × 1.5 × (10/6) = 5GHz
- 계산식 : $2 \times 1.5 \times \frac{10}{6} = 3 \times \frac{10}{6} = \frac{10}{2} = 5$

결과 : 컴퓨터B에 사용된 중앙처리장치의 클록 주파수는 5GHz이다.

19 다음 Java 프로그램의 출력 결과는?

```
public class Foo {
   public static void main(String[] args) {
      int i, j, k;
      for (i = 1, j = 1, k = 0; i < 5; i++ ) {
         if ((i % 2) == 0)
            continue;
         k += i * j++;
      }
      System.out.println(k);
   }
}
```

① 5
② 7
③ 11
④ 15

ANSWER 19.②

19 • int i, j, k; 문에서 시작한다.
if ((i % 2) == 0)는 조건에 맞지 않으므로 if 문을 생략하고 그 다음을 실행한다.
k += i * j++; → j 뒤에 ++가 있으며 j값 1 증가
k += 1 * 1 → k값에 1을 더해 1이 되고, j는 1이 증가하여 2가 된다.
• i가 1 증가해 → for (i = 3, j = 2, k = 1;에서 for 문 실행한다.
if ((i % 2) == 0)은 조건에 맞으므로 continue; 가 실행되며 이후는 생략하고 다시 for문으로 돌아간다.
• i가 1 증가해 값은 3이 되고 → for (i = 3, j = 2, k = 1;에서 for문 실행한다.
if ((i % 2) == 0)은 조건이 맞지 않으므로 다음을 실행한다.
k += i * j++; → j 뒤에 ++가 있으며 j값 1증가
k += 3 * 2 → k값에 6을 더해 7이 되고, j는 1이 증가하여 3이 된다.
• for (i = 4, j = 3, k = 7;에서 for 문 실행한다.
if ((i % 2) == 0)은 조건에 맞으므로 continue; 가 실행되며 이후는 생략하고 다시 for문으로 돌아간다.
• i < 5; i++)에서 i=5가 되어, 5<5는 조건에 맞지 않으므로 for문을 나와 System.out.println(k); 문을 실행하여 → k값 7을 출력한다.
결과 : k값 7

20 다음 카르노 맵(Karnaugh map)으로 표현된 부울 함수 F(A, B, C, D)를 곱의 합(sum of products) 형태로 최소화(minimization)한 결과는? (단, X는 무관(don't care) 조건을 나타낸다)

CD \ AB	00	01	11	10
00	0	1	X	1
01	0	X	0	0
11	X	1	0	0
10	0	1	X	1

① F(A, B, C, D) = AD' + BC'D' + A'BC

② F(A, B, C, D) = AB'D' + BC'D' + A'BC

③ F(A, B, C, D) = A'B + AD'

④ F(A, B, C, D) = A'C + AD'

ANSWER 20.③

20 ㉠ **카르노맵**(Karnaugh Map) : 최소 논리곱의 합으로 식을 구하며 최소 개수의 게이트를 가지고 최소 개수의 게이트 입력을 가진다.

㉡ **카르노맵을 이용한 진리표 간소화**

- 변수의 개수에 적합한 카르노 맵을 그린다. 이때 가로 축과 세로 축에 변수의 값을 배열할 때는 동시에 두 개의 값이 변하지 않도록 배열한다.
- 진리표에서 출력(F)이 '1'인 경우의 입력 값에 해당되는 칸에 '1'을 표시한다.
- 가로 또는 세로로 이웃한 1을 2n개가 되도록 묶는다. 이때 묶음의 크기가 가능한 최대가 되게 묶는다(동일한 1이 묶이는 데 여러 번 사용될 수도 있다.).

→ 무관(don't care)은 0과 1을 모두 수용하기 때문에 1과 x를 포함하는 가장 큰 사각형을 만들어서 묶으며 x는 1또는 0으로 볼수 있으며, 그룹을 크게하는 x는 1로 취급하여 그룹화 한다.

CD \ AB	00	01	11	10
00	0	1	X	1
01	0	X	0	0
11	X	1	0	0
10	0	1	X	1

- 묶음 안에서 값의 변화가 없는 동일한 변수만 선택하여 기록한다. 즉, 0 → 1, 1 → 0으로 변화되는 변수는 버린다.

→ 진한선 A'B

→ 왼쪽 줄이 X는 무관항이므로 생략해도 상관없으므로 생략한다. 이중선 AD'

- 묶인 항을 논리곱에 대한 논리합으로 표현한다.

→ A'B+AD'

컴퓨터일반 2018. 6. 23. 제2회 서울특별시 시행

1 **중위 표기법으로 표현된 〈보기〉의 수식을 후위 표기법으로 옳게 표현한 것은?**

〈보기〉

a+(b*c−d)*(e−f*g)−h

① ab*cd+efg*−*−h−
② abc*d+ef*g−*−h−
③ abcd*−efg*+*−h−
④ abc*d−efg*−*+h−

2 **소프트웨어 개발 프로세스 모델에 대한 설명으로 가장 옳지 않은 것은?**

① 폭포수(Waterfall) 모델은 단계별 정형화된 접근 방법 및 체계적인 문서화가 용이하다.
② RAD(rapid Application Development) 모델은 CASE(Computer Aided Software Engineering)도구를 활용하여 빠른 개발을 지향한다.
③ 나선형(Spiral) 모델은 폭포수(Waterfall) 모델과 원형(Prototype) 모델의 장점을 결합한 모델이다.
④ 원형(Prototype) 모델은 고객의 요구를 완전히 이해하여 개발을 진행하는 것으로 시스템 이해도가 높은 관리자가 있는 경우 유용하다.

ANSWER 1.④ 2.④

1 ㉠ **후위 표기법**: 수식을 표현하는 방식으로 연산자를 연산수 다음에 놓는 기법이다.
㉡ **중위 표기법을 후위 표기법으로 변환**
- 피연산자가 들어오면 바로 출력
- 연산자가 들어오면 자기보다 우선순위가 높거나 같은 것들을 빼고 자신을 스택에 담는다.
- 여는 괄호 '('를 만나면 무조건 스택에 담는다.
- 닫는 괄호 ')'를 만나면 ')'를 만날 때까지 스택에서 출력한다.

→a+(b*c−d)*(e−f*g)−h 값을 후위 표기법으로 계산하면 abc*d−efg*−*+h−이 된다.

2 **프로토타이핑(prototyping) 모델(=원형모델)** … 고객의 요구를 완전하게 이해하고 있지 못하거나 완벽한 요구 분석의 어려움을 해결하기 위하여 개발의 일부분만을 우선 개발하여 사용자에게 제공하여 시험 사용하게 하고 시험 사용을 통해서 요구를 분석하거나 요구 정당성을 점검, 성능을 평가하여 그 결과를 개선 작업에 반영하여 진행이 되도록 하는 모델

3 **서로 다른 시스템 간의 통신을 위한 표준을 제공함으로써 통신에 방해가 되는 기술적인 문제점을 제거하고 상호 인터페이스를 정의한 OSI 참조 모델의 계층에 대한 설명으로 가장 옳지 않은 것은?**

① 네트워크 계층은 물리 계층에서 전달받은 데이터에 대한 동기를 확인하는 기능, 데이터의 원활한 전송을 제어하는 흐름제어(Flow Control) 기능, 안전한 데이터 전송을 위한 에러 제어(Error Control) 기능을 수행한다.

② 물리 계층은 상위 계층으로부터 전달받은 데이터의 물리적인 링크를 설정하고 유지, 해제하는 기능을 담당한다.

③ 전송 계층은 통신하고 있는 두 사용자 사이에서 데이터 전송의 종단 간(end-to-end) 서비스 질을 높이고 신뢰성을 제어하는 기능을 담당한다.

④ 응용 계층은 사용자가 직접 접하는 부분이며 전자 메일 서비스, 파일 전송 서비스, 네트워크 관리 등이 있다.

ANSWER 3.①

3 **네트워크 계층**: 하나 또는 복수의 통신망을 통하여 컴퓨터나 단말 장치 등의 시스템 간에 데이터 전송
데이터링크 계층: 매체 접근 제어, 흐름제어, 오류검사

4 〈보기〉 C프로그램의 실행 결과는?

```
#include <stdio.h>

int main()
{
int a=0, b=1;
switch(a)
   {    case 0 : printf("%d\n", b++); ; break;
        case 1 : printf("%d\n", ++b); ; break;
        default : printf("0\n", b); ; break;
   }
return 0;
}
```

① 0 ② 1
③ 2 ④ 3

ANSWER 4.②

4 ① switch문으로 a 사용, case 0에 해당하는 첫 번째 문장을 실행
② printf("%d\'5Cn", b++)에서 b++이므로, 먼저 b값 1을 출력 후 b값 증가
※ switch-case문의 문법
㉠ switch를 사용 후 소괄호 ( ) 안에 값을 넣고, 이 값이 값 1일 경우 수행문 1을 실행하고 종료한다.
㉡ 값이 2면 수행문 2를 실행하고 종료하며 값 3도 같다.
㉢ default 같은 경우에는 모든 경우가 아닐 경우에 실행되는 default일 때 수행문을 실행하고 종료하며, break는 종료의 의미이다.

5 **정책 수립에 있어 중요성이 커지고 있는 빅데이터에 대한 설명으로 가장 옳지 않은 것은?**

① 디지털 환경에서 생성되는 데이터로 규모가 방대하고, 생성 주기가 길며, 형태가 다양하다.

② 하둡(Hadoop)과 같은 오픈 소스 소프트웨어 시스템을 빅데이터 처리에 이용하는 것이 가능하다.

③ 보건, 금융과 같은 분야의 빅데이터는 사회적으로 유용한 정보이나 데이터 활용 측면에서 프라이버시 침해에 대한 대비가 필요하다.

④ 구글 및 페이스북, 아마존의 경우 이용자의 성향과 검색패턴, 구매패턴을 분석해 맞춤형 광고를 제공하는 등 빅데이터의 활용을 증대시키고 있다.

6 **〈보기〉는 TCP/IP 프로토콜에 대한 설명이다. ㉠~㉡에 들어갈 내용으로 가장 옳은 것은?**

〈보기〉

- (㉠)는 사용자가 입력한 IP 주소를 이용해 물리적 네트워크 주소(MAC Address)를 제공한다.
- (㉡)는 데이터 전송 과정에서 오류가 발생하면 오류 메시지를 전송한다.

	㉠	㉡		㉠	㉡
①	ICMP	RARP	②	RARP	ICMP
③	ARP	ICMP	④	ICMP	ARP

ANSWER 5.① 6.③

5 빅데이터 … 기존 데이터보다 너무 방대하여 기존의 방법이나 도구로 수집/저장/분석 등이 어려운 정형 및 비정형 데이터들을 의미한다.

6 ㉠ ARP(Address Resolution Protocol, 주소 결정 프로토콜) : IP 주소를 물리적 네트워크 주소로 대응시키기 위해 사용되는 프로토콜

㉡ ICMP(Internet Control Message Protocol, 인터넷 제어 메시지 프로토콜) : TCP/IP 기반의 인터넷 통신 서비스에서 인터넷 프로토콜(IP)과 조합하여 통신 중에 발생하는 오류의 처리와 전송 경로의 변경 등을 위한 제어 메시지를 취급하는 무연결 전송(connectionless transmission)용의 프로토콜(RFC.792)

㉢ RARP(Reverse Address Rosolution Protocol, 역순 주소 결정 프로토콜) : 인터넷 환경에서의 호스트 상호 간 통신에서, 상대방 호스트의 데이터 링크 주소로부터 IP 주소를 필요에 따라 역동적으로 얻기 위한 절차를 제공하는 프로토콜(REC.903)

7 **주기억 장치의 페이지 교체 기법에 대한 설명으로 가장 옳은 것은?**

① FIFO(Frrst In First Out)는 가장 오래된 페이지를 교체한다.
② MRU(Most Recently Used)는 최근에 적게 사용된 페이지를 교체한다.
③ LRU(Least Recently Used)는 가장 최근에 사용한 페이지를 교체한다.
④ LFU(Least Frequently Used)는 최근에 사용빈도가 가장 많은 페이지를 교체한다.

8 **RAID(Redundant Array of Inexpensive Disks) 기술에 대한 설명으로 가장 옳지 않은 것은?**

① RAID 1 레벨은 미러링(Mirroring) 을 지원한다.
② RAID 3 레벨은 데이터를 블록 단위로 분산 저장하여 대용량의 읽기 중심 서버용으로 사용한다.
③ RAID 5 레벨은 고정적인 패리티 디스크 대신 패리티가 모든 디스크에 분산되어 저장되므로 병목 현상을 줄여준다.
④ RAID 6 레벨은 두 개의 패리티 디스크를 사용하므로 두 개의 디시크 장애 시에도 데이터의 복구가 가능하다.

ANSWER 7.① 8.②

7 ② MRU(Most Recently Used)는 자료 등의 순서 정렬에서 '가장 최근에 사용했던' 것을 최우선으로 하는 것
③ LRU(Least Recently Used)는 페이지가 호출되면 페이지 테이블에 복사되어 있는 사용 횟수 레지스터의 값은 가장 최근에 호출된 시간을 나타내므로, 모든 페이지의 사용 횟수 레지스터 값을 탐색하여 가장 적은 값을 가진 페이지와 교체하는 방식
④ LFU(Least Frequently Used)는 각 페이지의 사용이 얼마나 집중적으로 되었는가에 관심을 갖고, 가장 적게 사용되거나 집중적이 아닌 페이지로 대체하는 방법

8 RAID(Redundant Array of Inexpensive/Independent Disk)
㉠ 여러 디스크를 하나의 디스크처럼 사용할 수 있도록 하면서 동시에 신뢰성을 높이고 성능을 향상시킬 수 있는 저장 장치이다.
㉡ RAID의 종류로는 크게 하드웨어 RAID와 소프트웨어 RAID가 있다.
㉢ 하드웨어 RAID는 안정성이 높은 반면 가격이 비싼 단점이 있다.
㉣ 소프트웨어 RAID는 신뢰성이나 속도가 하드웨어 RAID에 비해 떨어질 수 있으나 비용이 저렴하다.

- RAID 0 : 일반적으로 2개 이상의 하드를 병렬로 연결해서 데이터를 블록 단위로 분산해서 읽고 쓰는 방식
- RAID 1 : 디스크 미러링이라고 하며 데이터의 안정성을 높이기 위해 동일한 데이터를 가진 적어도 두 개의 드라이브로 구성
- RAID 2 : 병렬접근기법 사용, 데이터는 동기화되며 여분의 디스크 사용, 비용이 고가
- RAID 3 : 배열이 아무리 크더라도 여분의 디스크는 한 개만 있으면 되며 모든 데이터 디스크와 같은 위치에 있는 비트들에 대하여 계산되는 패리티비트 사용
- RAID 4 : 각 디스크는 독립된 액세스 기법을 사용하며 높은 입력과 출력 요구율에 적합
- RAID 5 : RAID4와 유사한 방식으로 패리티 스트립이 모든 디스크에 분산 저장되며 주로 네트워크 서버내에서 사용
- RAID 6 : 두 가지 패리티가 계산되며 서로 다른 디스크들의 각각 분리된 블록에 저장
- RAID 7 : 하드웨어 컨트롤러에 내장되어 있는 실시간 운영체제를 구성하는 방식
- RAID 10 : RAID 0+1의 반대 개념으로 디스크 2개를 먼저 미러링으로 구성하고 해당 그룹을 다시 스트라이핑 하는 방식

9 **질의 최적화를 위한 질의문의 내부 형태 변화에 대한 규칙으로 가장 옳지 않은 것은?**

① 실렉트(select) 연산은 교환적이다: $\sigma_{c1}(\sigma_{c2}(R)) \equiv \sigma_{c2}(\sigma_{c1}(R))$

② 연속적인 프로젝트(project) 연산은 첫 번째 것을 실행하면 된다.
: $\Pi_{List1}(\Pi_{List2}(\cdots(\Pi_{Listn}(R))\cdots)) \equiv \Pi_{Listn}(R)$

③ 합집합(∪)과 관련된 프로젝트(project) 연산은 다음과 같이 변환된다.
: $\Pi(A \cup B) \equiv \Pi(A) \cup \Pi(B)$

④ 실렉트의 조건 c가 프로젝트 속성만 포함하고 있다면 교환적이다: $\sigma_c(\Pi(R)) \equiv \Pi(\sigma_c(R))$

ANSWER 9.②

9 데이터베이스 관계연산

㉠ SELECT(σ)
- 셀렉트 연산은 피연산자 릴레이션에서 특정 조건에 맞는 튜플들의 집합을 구하는 연산으로 그 결과는 수평적 부분 집합(set)으로 구성된 별도의 릴레이션
- 셀렉트 연산의 형식 : δcondition(R)

㉡ PROJECT(π) : 프로젝트 연산은 피연산자에서 지정된 속성 항목만으로 구성된 릴레이션을 반환하는 연산이며 프로젝트 연산의 결과로 피 연산자로부터 수직적 부분 집합으로 구성된 별도의 릴레이션이 반환
Πcolumn_list(R)

㉢ JOIN(▷◁) : 두 개의 릴레이션으로부터 상호 관련성을 구하기 위한 연산으로 두 릴레이션의 카티션 프로덕트 연산과 셀렉트 연산의 조합으로 구성된 연산이며 조인 연산의 결과로는 프로덕트 연산으로 결합된 결과 릴레이션의 모든 튜플들 중에 조건을 만족하는 튜플로만 구성된 릴레이션이 반환

㉣ DIVISION : 첫 번째 피연산자 릴레이션을 두 번째 피연산자 릴레이션으로 나누어 새로운 결과 릴레이션을 반환하는 연산이며 연산의 결과로는 두 번째 릴레이션의 모든 튜플들에 부합되는 첫 번째 릴레이션의 모든 동일한 튜플들이 반환

㉤ 합집합(union)
- 합집합 연산의 결과로 반환되는 릴레이션은 피연산자로 참여한 각각의 릴레이션의 튜플들을 모두 포함하되 중복되는 튜플들은 결과 릴레이션에서 한 번만 나타나게 된다.
- 합집합 연산은 연산으로 참여한 두개의 릴레이션이 호환(compatible) 가능해야만 의미가 있다. (합집합의 호환성)

10 〈보기〉 이진 트리의 내부 경로 길이(length)와 외부 경로 길이로 옳은 것은?

〈보기〉

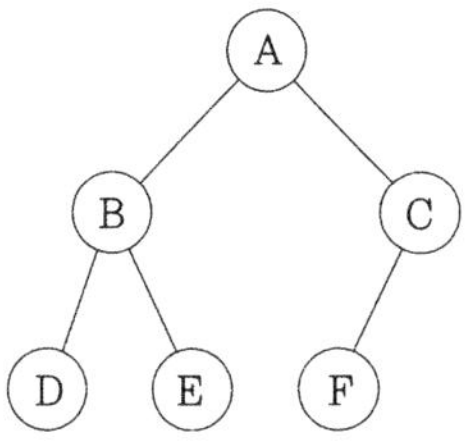

① 7, 20
② 7, 23
③ 8, 20
④ 8, 23

ANSWER 10.③

10 경로 길이(Path Length) : 각 노드들의 레벨의 총합으로 각 노드들에 이르는 길이의 합이 된다.

㉠ 내부 경로 길이(Internal Path Length) : 내부 노드에 이르는 길이의 합(혹은 레벨의 총합)

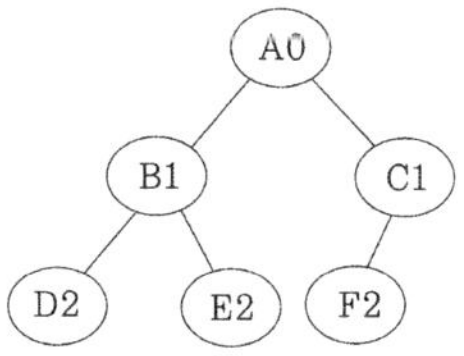

따라서 내부 경로길이는 0+1+1+2+2+2 = 8 이다.

㉡ 외부 경로 길이(External Path Length) : 단 노드에 가상적 노드를 추가하여, 근 노드와 가상 노드와의 길이를 합산한 것

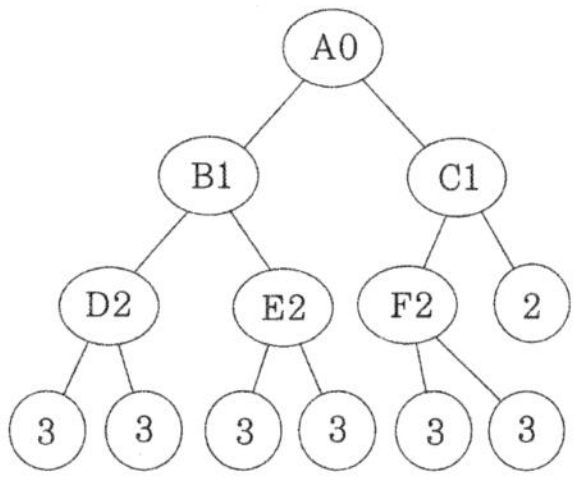

각 단말 노드에는 트리그래프에 보이지 않는 NULL 노드 포인터들이 담겨져 있으며 외부 경로 길이는 이러한 NULL 노드까지의 경로 길이를 합한 값이다.

〈공식〉

E = I + 2N [E : 외부 경로 길이, I : 내부 경로 길이, N : 노드수]

따라서 외부 경로길이는 2 + 3 + 3 + 3 + 3 + 3 + 3 = 20이다.

또는 8 + 2 × 6 = 20

11 8진수로 표현된 13754(8)를 10진수로 표현하면?

① 6224 ② 6414

③ 6244 ④ 6124

12 〈보기〉 잘 알려진 포트번호(well-known port)와 TCP 프로토콜이 바르게 연결된 것을 모두 고른 것은?

〈보기〉

㉠ : 21번 포트 : FTP ㉡ : 53번 포트 : TELNET

㉢ : 23번 포트 : SMTP ㉣ : 80번 포트 : HTTP

① ㉠, ㉡ ② ㉠, ㉣

③ ㉡, ㉢ ④ ㉡, ㉣

ANSWER 11.④ 12.②

11 8진수의 값을 10진수로 변환하기 전, 먼저 2진수로 변환한 다음 10진수로 변환하면 쉽게 계산할 수 있다.

13754(8) → 2진수로 변환					
13754(8)	421	421	421	421	421
2진수	001	011	111	101	100

1011111101100(2) → 10진수로 변환													
2진수	1	0	1	1	1	1	1	1	0	1	1	0	0
10진수	4096	2048	1024	512	256	128	64	32	16	8	4	2	1
1이 있는 자리의 값만 더해준다.	4096	0	1024	512	256	128	64	32	0	8	4	0	0

→ 결과 : 4096 + 1024 + 512 + 256 + 128 + 64 + 32 + 8 + 4 = 6,124

12 잘 알려진 포트(Well-Known Port) : 0~1023번

대표적으로 텔넷(23), DNS(53), HTTP(80), NNTP(119), TLS/SSL 방식의 HTTP(443)

포트	프로토콜	용도
20	FTP	FTP-제어포트
23	Telnet	텔넷 프로토콜- 암호화 되지 않은 텍스트 통신
25	SMTP	이메일 전송 프로토콜
53	DNS	Domain Name System
80	HTTP	웹 페이지 전송 프로토콜

13 **파일 처리 시스템(File Process System)과 비교한 데이터 베이스관리 시스템(DBMS)에 대한 설명으로 가장 옳지 않은 것은?**

① 응용 프로그램과 데이터 간의 상호 의존성이 크다.

② 데이터 중복을 최소화한다.

③ 응용 프로그램의 요청을 수행한다.

④ 데이터 공유를 수월하게 한다.

14 **임계지역(critical section) 문제에 대한 해결책이 가져야 하는 성질로 가장 옳지 않은 것은?**

① 한 번에 한 프로세스만이 임계지역을 수행하도록 해야 한다.

② 프로세스는 자신이 임계지역을 수행하지 않으면서 다른 프로세스가 임계지역을 수행하는 것을 막으면 안된다.

③ 프로세스의 임계지역 진입은 유한 시간 내에 이루어져야 한다.

④ 임계지역 문제의 해결책에서는 프로세스의 수행 속도에 대해 적절한 가정을 할 수 있다.

ANSWER 13.① 14.④

13 데이터베이스 관리 시스템 … 데이터베이스를 생성하거나 관리하고 사용자의 질의에 대해 응답하는 프로그램의 집합

데이터베이스 관리 시스템의 장점	파일 처리 시스템의 단점
• 자기 기술성 • 프로그램과 데이터의 분리(독립성) • 데이터 중복의 최소화 • 데이터의 무결성 • 데이터 공유 및 보호	• 데이터의 종속성 • 데이터의 무결성 침해 • 데이터의 중복성 • 데이터 불일치 • 데이터 보안성 결여

14 ㉠ 임계구역(critical section) : 다중 프로그래밍 운영체제에서 여러 프로세스가 데이타를 공유하면서 수행될 때 각 프로세스에서 공유 데이타를 액세스하는 프로그램 코드 부분

㉡ 임계구역(critical section) 3가지 요구조건

• mutual exclusion(상호배제) : 특정한 프로세스가 임계구역에서 실행되는 동안, 다른 프로세스가 접근할 수 없다.

• progress(진행) : 임계구역을 사용하지 않고 있다면, 다른 프로세스가 접근할 수 있도록 한다.

• bounded waiting(한정된 대기) : 임계구역 진입 횟수에 한계가 있어서 같은 프로세스가 계속 독점해서 사용하지 못하게 한다. 다른 프로세스들이 기아상태에 빠지지 않도록 한다.

15 〈보기〉 C프로그램의 출력은?

〈보기〉

```
#include <stdio.h>

int main()
{
   int a = 5, b = 5;

   a *=3+b++;
   printf("%d %d", a, b) ;
   return 0;
}
```

① 40 5
② 40 6
③ 45 5
④ 45 6

ANSWER 15.②

15 printf : printf 다음에 오는 괄호 안의 내용을 모니터로 출력해 주는 함수

%d : char, short, int 부호가 있는 10진 정수

풀이

int a = 5, b = 5;

a * = 3 + b++;

b++ 이므로, 먼저 b값을 그대로 계산한 다음에 b값 증가

a(5)에 3+b(5) = 8을 곱해서 다시 a에 집어넣는다. (a = 40)

b++; //b의 값을 출력한 후 1증가해 6이 되어 a는 40, b는 6이 출력

16 〈보기〉 회로의 종류를 바르게 연결한 것은?

〈보기〉

㉠ 3개의 입력 중에서 적어도 2개의 입력이 1이면 출력이 1이 되는 회로

㉡ 설정된 값이 표시되었을 때, 경고음을 울리는 카운터

	㉠	㉡
①	조합논리회로	조합논리회로
②	조합논리회로	순차논리회로
③	순차논리회로	조합논리회로
④	순차논리회로	순차논리회로

ANSWER 16.②

16

조합논리회로	순차논리회로
• AND, OR, NOT 등의 논리연산자를 조합하여 구성하는 것으로 인가된 입력에 대해 즉시 연산 결과를 출력 • 입력이 2개 이상 인 경우 모든 가능한 입력의 조합에 대해 출력이 정해지기 때문에 이를 진리표로 만들어서 입출력 관계를 정의 예) 덧셈기	• 입력의 조합만으로는 출력이 정해지지 않는 논리 회로 • 현재의 내부 상태와 입력에 의해 출력의 상태가 정해지는 것. 즉, 기억 작용이 있는 논리 회로

㉠ 입력값에 따라 출력값이 결정되는 회로이므로 '조합논리회로'에 해당한다.

㉡ 이미 어떠한 설정된 값이 들어있는 상태에서 현재 표시되는 값과 비교하여 출력을 따지는 회로이기 때문에 '순차논리회로'에 해당한다.

17 CISC(Complex Instruction Set Computer)에 대한 설명으로 가장 옳은 것은?

① 고정 길이의 명령어 형식을 가진다.

② 명령어의 길이가 짧다.

③ 다양한 어드레싱 모드를 사용한다.

④ 하나의 명령으로 복잡한 명령을 수행할 수 없어 복잡한 하드웨어가 필요하다.

ANSWER 17.③

17 ③ 다양한 명령어 형식을 사용하는건 CISC이다. 다양한 어드레싱 모드를 사용 한다는 것은 명령어 주소형식을 직접주소방식, 간접주소방식, 상대적주소방식 등의 여러 가지 형식으로 사용 한다는 것이다.

CISC(Complex Instruction Set Computer)	RISC(Reduced Instruction Set Computer)
고급언어 동작을 지원하는 하드웨어를 제공하기 때문에 간결한 프로그래밍이 가능하다. 특징 • 대부분의 명령어는 직접적으로 기억장치 액세스를 할 수 있다. • 주소지정방식의 수가 상당히 많다. • 명령어 포맷은 여러 개의 길이를 갖는다. • 명령어는 기본적인 연산과 복잡한 연산을 모두 수행한다.	명령어가 간단하며 유연한 구조를 갖으며, 실행속도도 빨라지고 더 높은 처리능력을 갖는다. 특징 • 기억장치 액세스는 로드와 스토어 명령어에 의해서만 가능하고, 데이터 처리 명령어는 레지스터 - 대 - 레지스터 모드에서만 가능하다. • 주소지정방식의 수는 제한되어 있다. • 명령어 포맷은 모두 같은 길이를 갖는다. • 명령어는 기본적인 연산기능만을 수행한다.

18 퀵 정렬에 대한 설명으로 가장 옳지 않은 것은?

① 퀵 정렬은 분할 정복(divide and conquer) 방식으로 동작한다.

② 퀵 정렬의 구현은 흔히 재귀 함수 호출을 포함한다.

③ n개의 데이터에 대한 퀵 정렬의 평균 수행 시간은 $O(\log n)$ 이다.

④ C.A.R. Hoare가 고안한 정렬 방식이다.

19 나시-슈나이더만(N-S) 차트의 반복(While) 구조에 대한 표현으로 가장 옳은 것은?

①
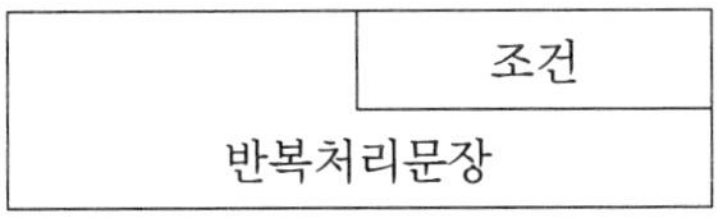

②
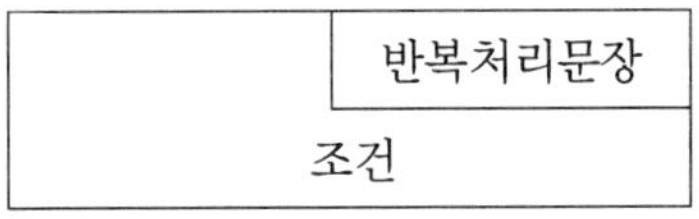

③
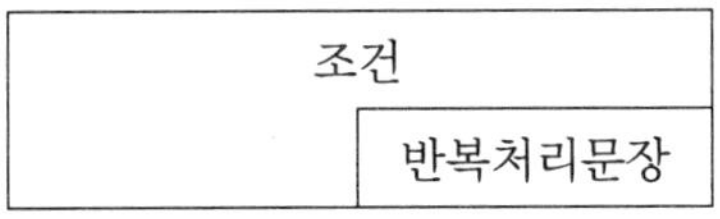

④
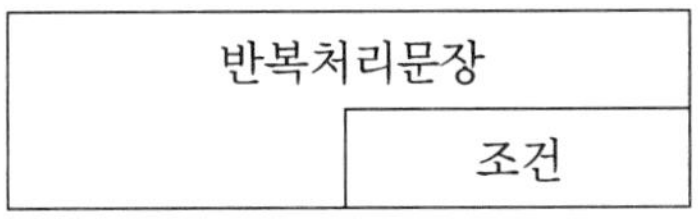

ANSWER 18.③ 19.③

18 Quick Sort(퀵 정렬)

㉠ 퀵 정렬(quick sort)은 찰스 앤터니 리처드 호어가 1959년에 개발한 정렬 알고리즘으로 평균적으로 매우 빠른 수행 속도를 자랑하는 방법이다. 퀵 정렬도 병합 정렬과 같이 분할-정복법(divide and conquer)을 사용한다.

㉡ 평균시간복잡도 O(nlogn), 최악의 시간복잡도 O(n^2)

19 N-S Chart

㉠ 논리의 기술에 중점을 둔 상자 도형을 이용한 표현 방법(박스 다이어그램)

㉡ 순차 구조, 반복 구조, 선택 구조, 다중 선택 구조 등을 표현함
Sequence, While, Do~Until, IF~Then~Else, Case

㉢ Goto나 화살표를 사용하지 않으며, 선택과 반복 구조를 시각적으로 표현함

㉣ 조건이 복합되어 있는 곳의 처리를 시각적으로 명확히 식별하는데 적합

㉤ 이해가 쉽고, 코드 변환이 용이함

20 〈보기〉 C프로그램의 실행 결과로 화면에 출력되는 숫자가 아닌 것은?

〈보기〉

```
#include <stdio.h>

int my(int I, int j) {
   if (i<3) I=j=1;
   else {
     i=i-1
     j=j-i;
     printf("%d, %d,", i, j);
     return my(i,j);
   }
}

int main(void)
{
   my(5,14);
   return 0;
}
```

① 1
② 3
③ 5
④ 7

ANSWER 20.①

20 ① i = 5, j = 14인 my(5, 14) 실행
I가 3 이상이므로 else문 실행
i = 5 -1 = 4 j = 14 -4 = 10
printf문을 통해 4와 10 출력
② return문 실행
my(4, 10) 함수가 실행
i = 4, j = 10 으로 i가 3이상 이므로 else문 실행
i = 4 -1 = 3 j = 10 -3 = 7
printf문을 통해 3과 7 출력
③ my(3, 7) 함수가 실행
i가 3 이상 이므로 else문 실행
i = 3 -1 = 2 j = 7 -2 = 5
printf문을 통해 2와 5 출력
④ my(2, 5) 함수가 실행
i<3의 조건을 만족하므로 if문이 실행
i와 j에 모두 1이 들어가고 함수 실행
결과 : 출력되는 값은 2, 3, 4, 5, 7, 10으로 출력되지 않는 값은 1이다.

컴퓨터일반 2019. 4. 6. 인사혁신처 시행

1 CPU 내부 레지스터로 옳지 않은 것은?

① 누산기(accumulator)

② 캐시 메모리(cache memory)

③ 프로그램 카운터(program counter)

④ 메모리 버퍼 레지스터(memory buffer register)

2 다음 전위(prefix) 표기식의 계산 결과는?

+ − 5 4 × 4 7

① −19 ② 7

③ 28 ④ 29

ANSWER 1.② 2.④

1 ② **캐시 메모리**(cache memory) : 컴퓨터의 처리속도 향상을 위해 사용되는 소형 고속 기억장치 또는 버퍼메모리의 일종으로 SRAM으로 구성되며 고속처리 가능

※ **중앙처리장치**(CPU) … 명령어의 해석과 자료의 연산, 비교 등의 처리를 제어하는 컴퓨터시스템의 핵심장치로 레지스터, 연산장치, 제어장치로 구성

- 제어장치 : 레지스터 사이의 데이터 전송을 감시하고 연산장치의 동작을 지시하는 장치
- 연산장치 : 명령어를 실행하기 위한 마이크로 연산을 수행하는 장치
- 레지스터 : 한 비트를 저장할 수 있는 플립플롭의 모임으로 중앙처리장치 내에 있는 소규모의 임시 기억장소

2 전위표기식은 중위표기식으로 변환한 뒤 계산 한다.
(5−4)+(4×7)로 29가 된다.

3 **사진이나 동영상 등의 디지털 콘텐츠에 저작권자나 판매자 정보를 삽입하여 원본의 출처 정보를 제공하는 기술은?**

① 디지털 사이니지
② 디지털 워터마킹
③ 디지털 핑거프린팅
④ 콘텐츠 필터링

4 **1K × 4bit RAM 칩을 사용하여 8K × 16bit 기억장치 모듈을 설계할 때 필요한 RAM 칩의 최소 개수는?**

① 4개
② 8개
③ 16개
④ 32개

ANSWER 3.② 4.④

3 ① **디지털 사이니지**(Digital Signage) : 움직이고 소리나는 옥외광고
③ **디지털 핑거프린팅**(Digital Fingerprinting) : 인간의 감지 능력으로는 검출할 수 없도록 사용자의 정보를 멀티미디어 콘텐츠 내에 삽입하는 기술
④ **콘텐츠 필터링**(Contents Filtering) : 콘텐츠 이용 과정에서 저작권 침해 여부 등을 판단하기 위해 데이터를 제어하는 기술

4 기억장치의 용량 = 워드의 수×워드의 크기

1K × 4bit
8K × 16bit

× 8배 × 4배 => 32개

• 8K×16bit 기억장치 모듈을 설계할 때 1K(1,024byte)×4bit 의 최소의 RAM의 칩의 개수를 알아보는 문제이다.

5 **프로세스와 스레드(thread)에 대한 설명으로 옳지 않은 것은?**

① 하나의 스레드는 여러 프로세스에 포함될 수 있다.
② 스레드는 프로세스에서 제어를 분리한 실행단위이다.
③ 스레드는 같은 프로세스에 속한 다른 스레드와 코드를 공유한다.
④ 스레드는 프로그램 카운터를 독립적으로 가진다.

6 **보이스 코드 정규형(BCNF : Boyce-Codd Normal Form)을 만족하기 위한 조건에 해당하지 않는 것은?**

① 조인(join) 종속성이 없어야 한다.
② 모든 속성 값이 원자 값(atomic value)을 가져야 한다.
③ 이행적 함수 종속성이 없어야 한다.
④ 기본 키가 아닌 속성이 기본 키에 완전 함수 종속적이어야 한다.

ANSWER 5.① 6.①

5 스레드(thread) … 프로세스는 자원과 제어로 구분될 수 있는데 제어만 분리한 실행한 단위로 프로세스 하나는 스레드 한 개 이상으로 나눌 수 있으며 스레드들은 프로세스의 직접 실행 정보를 제외한 나머지 프로세스 관리 정보를 공유한다. 프로그램 카운터와 스택 포인터 등을 비롯한 스레드 실행 환경 정보(문맥정보), 지역데이터, 스택을 독립적으로 가지며 코드, 전역데이터, 힙을 다른 스레드와 공유한다. 응용 프로그램에는 적어도 한 개 이상의 프로세스가 있고 프로세서에는 한 개 이상의 스레드가 있다.

6 보이스 코드 정규형(BCNF: Boyce-Codd Normal Form) … 보이스 코드 정규형은 제3정규형을 만족하면서, 릴레이션에서 모든 결정자가 후보키가 되도록 하는 과정을 말한다.
보이스 코드 정규형(BCNF: Boyce-Codd Normal Form)을 만족하기 위해서는 모든 결정자가 후보키여야 하며 후보키는 모든 행을 식별할수 있는 최소의 속성 집합이라는 점이다.

〈정규화 진행과정〉	
제1정규형(1NF)	모든 도메인이 원자값이 되도록 분해
↓	
제2정규형(2NF)	부분 함수 종속 관계 제거
↓	
제3정규형(3NF)	이행적 함수 종속 관계 제거
BCNF	후보키가 아닌 결정자 관계 제거
↓	
제4정규형(4NF)	다치 종속 관계 제거
↓	
제5정규형(5NF)	후보키를 통하지 않은 조인 종속 관계 제거

7 UDP(User Datagram Protocol)에 대한 설명으로 옳은 것만을 모두 고르면?

> ㉠ 연결 설정이 없다.
> ㉡ 오류검사에 체크섬을 사용한다.
> ㉢ 출발지 포트 번호와 목적지 포트 번호를 포함한다.
> ㉣ 혼잡제어 메커니즘을 이용하여 링크가 과도하게 혼잡해지는 것을 방지한다.

① ㉠, ㉡
② ㉠, ㉢
③ ㉠, ㉡, ㉢
④ ㉡, ㉢, ㉣

8 다음 논리 회로의 출력과 동일한 것은?

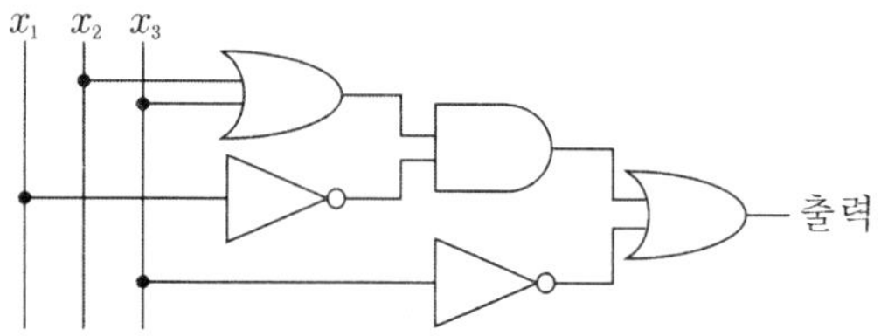

① $x_1 + x_3'$
② $x_1' + x_3$
③ $x_1' + x_3'$
④ $x_2' + x_3'$

ANSWER 7.③ 8.③

7 혼잡제어는 TCP 계층이며 TCP계층은 TCP(Transmission Control Protocol)와 UDP(User Datagram Protocol) 프로토콜 두 개로 구분할 수 있으며 신뢰성이 요구되는 애플리케이션에서는 TCP를 사용하고, 간단한 데이터를 빠른 속도로 전송하는 애플리케이션에서는 UDP를 사용한다.

TCP(Transmission Control Protocol) 연결 지향적 프로토콜	UDP(User Datagram Protocol) 비연결성 프로토콜
• 신뢰적인 전송을 보장 • 연결관리를 위한 연결설정 및 연결종료 • 패킷 손실, 중복, 순서바뀜 등이 없도록 보장 • 양단간 프로세스는 TCP가 제공하는 연결성 회선을 통하여 서로 통신	• 신뢰성 없음 • 순서화하지 않은 데이터 그램 서비스 제공 • 순서제어, 흐름제어, 오류제어 거의 없음 • 실시간 스트리밍 • 헤더가 단순

8 $(x_2+x_3)x_1'+x_3' = x_1'x_2+x_1'x_3+x_3'$
$= x_1'x_2+(x_1'+x_3')(x_3+x_3')$
$= x_1'x_2+x_1'+x_3'$
$= x_1'(x_2+1)+x_3' = x_1'+x_3'$

9 다음 Java 프로그램의 출력 결과는?

```
class ClassP {
  int func1(int a, int b) {
      return (a+b);
  }
  int func2(int a, int b) {
      return (a-b);
  }
  int func3(int a, int b) {
      return (a*b);
  }
}
public class ClassA extends ClassP {
  int func1(int a, int b) {
      return (a%b);
  }
  double func2(double a, double b) {
      return (a*b);
  }
  int func3(int a, int b) {
      return (a/b);
  }
  public static void main(String[] args) {
      ClassP P = new ClassA();
      System.out.print(P.func1(5, 2) + ", "
          + P.func2(5, 2) + ", " + P.func3(5, 2));
  }
}
```

① 1, 3, 2　　② 1, 3, 2.5

③ 1, 10.0, 2.5　　④ 7, 3, 10

ANSWER 9.①

9 java 프로그램은 main()부터 시작
func1, func3는 오버라이딩이 되고, func2는 오버라이딩이 되지 않는다.
P.func1(5, 2), P.func2(5, 2), P.func3(5, 2)를 차례로 구한다.

10 IPv4에서 데이터 크기가 6,000 바이트인 데이터그램이 3개로 단편화(fragmentation)될 때, 단편화 오프셋(offset) 값으로 가능한 것만을 모두 고르면?

㉠ 0	㉡ 500
㉢ 800	㉣ 2,000

① ㉠, ㉡
② ㉢, ㉣
③ ㉠, ㉡, ㉢
④ ㉡, ㉢, ㉣

11 Go-Back-N 프로토콜에서 6번째 프레임까지 전송한 후 4번째 프레임에서 오류가 있음을 알았을 때, 재전송 대상이 되는 프레임의 개수는?

① 1개 ② 2개
③ 3개 ④ 6개

ANSWER 10.① 11.③

10 Fragment offset(단편화 오프셋) … IP payload 의 offset 위치를 저장한다. 단편화된 IP 패킷을 재조립할 때에 조립할 위치를 확인할 때에 사용된다.

- 단편화 오프셋이 될 수 있는 것은 0, 250, 500 3가지이다.
  - 1번째 프레임 0000 ~ 1999 → OF: 0
  - 2번째 프레임 2000 ~ 3999 → OF: 250
  - 3번째 프레임 4000 ~ 5999 → OF: 500
- IP는 IP 단편화를 통해 데이터그램의 크기를 MTU이하로 작게 만들어 전송할 수 있도록 한다. RFC 791은 IP 단편화, 데이터그램의 전송, 재조립을 위한 프로시저를 기술한다. RFC 815는 호스트에서 쉽게 구현할 수 있는 간단한 재조립 알고리즘을 기술한다.
- Identification 필드와 Fragment offset 필드는 Don't Fragment 플래그, More Fragment 플래그와 함께 IP 데이터그램의 단편화와 재조립을 위해 사용된다.

11 Go-Back-N ARQ … 여러 블록들을 연속적으로 전송하고, 수신 쪽에서 NAK를 보내오면 송신 측이 오류가 발행한 이후의 블록을 모두 재송신, 전송오류가 발생하지 않으면 쉬지 않고 송신가능하며 오류가 발생한 부분부터 재송신 하므로 중복 전송의 단점이 있다.
4번째 프레임에서 오류가 있음을 알았으므로 재전송 되는 프레임 개수는 4, 5, 6번으로 3개이다.

12 0~(64^{10}−1) 해당하는 정수를 이진코드로 표현하기 위해 필요한 최소 비트 수는?

① 16비트
② 60비트
③ 63비트
④ 64비트

13 의료용 심장 모니터링 시스템과 같이 정해진 짧은 시간 내에 응답해야 하는 시스템은?

① 다중프로그래밍 시스템
② 시분할 시스템
③ 실시간 시스템
④ 일괄 처리 시스템

ANSWER 12.② 13.③

12 $(2^{n-1}-1) \sim +(2^{n-1}-1)$
0~(64^{10}−1)에서 $64^{10} = (2^6)^{10} = 2^{60}$ 이므로 표현하기 위해 필요한 최소 비트 수는 60비트이다.

13 ③ **실시간 시스템**(Real Time Processing System) : 처리시간 단축 및 비용절감, 우주선 운행, 교통제어, 은행 온라인 업무등 사용
① **다중프로그래밍 시스템**(multiprogramming system) : 1개의 처리 장치로 복수의 프로그램을 동시에 처리할수 있는 데이터 처리 시스템
② **시분할 시스템**(Time Sharing System) : 한 대의 컴퓨터를 동시에 여러 명의 사용자가 대화식으로 사용하는 방식으로 처리 속도가 매우 빨라 사용자는 독립적인 시스템을 사용하는 것으로 인식
④ **일괄 처리 시스템**(batch processing system) : 시스템의 효율성을 증대시키기 위하여 데이터를 수집해서 분류하고 정렬시킨 다음에 처리하는 방식의 데이터 처리 방법

14 **FIFO 페이지 교체 알고리즘을 사용하는 가상메모리에서 프로세스 P가 다음과 같은 페이지 번호 순서대로 페이지에 접근할 때, 페이지 부재(page-fault) 발생 횟수는? (단, 프로세스 P가 사용하는 페이지 프레임은 총 4개이고, 빈 상태에서 시작한다)**

1 2 3 4 5 2 1 1 6 7 5

① 6회
② 7회
③ 8회
④ 9회

15 **재배치 가능한 형태의 기계어로 된 오브젝트 코드나 라이브러리 등을 입력받아 이를 묶어 실행 가능한 로드 모듈로 만드는 번역기는?**

① 링커(linker)
② 어셈블러(assembler)
③ 컴파일러(compiler)
④ 프리프로세서(preprocessor)

ANSWER 14.③ 15.①

14 FIFO(First Input First Out) = FCFS(First Come First Service) **스케줄링** … 가장 간단한 스케줄링 알고리즘으로 FIFO(First Input First Out) 큐로 쉽게 관리. 프로세스가 대기 큐(준비 큐)에 도착한 순서에 따라 CPU가 할당되며 단독적 사용이 거의 없으며, 다른 스케줄링 알고리즘에 보조적으로 사용(우선순위 스케줄링, RR 스케줄링 등)한다.

순번	1	2	3	4	5	6	7	8	9	10	11
요구 페이지	1	2	3	4	5	2	1	1	6	7	5
페이지 프레임	1	1	1	1	5	5	5	5	5	5	5
		2	2	2	2	2	1	1	1	1	1
			3	3	3	3	3	3	6	6	6
				4	4	4	4	4	4	7	7
페이지 부재	○	○	○	○	○		○		○	○	

15 ① **링커(linker)** : 목적코드를 실행 가능한 로드 모듈로 생성하는 프로그램
② **어셈블러(assembler)** : 어셈블리어로 작성된 원시프로그램을 기계어로 번역
③ **컴파일러(compiler)** : C, COBOL, FORTRAN, PASCAL 등의 고급언어로 작성된 원시 프로그램을 기계어로 번역하며 한꺼번에 번역하므로 번역속도는 느리지만 실행속도가 빠름
④ **프리프로세서(preprocessor)**: 고급언어로 작성된 프로그램을 그에 대응되는 다른 고급언어로 번역하며 매크로 확장, 기회 변환 등의 작업을 수행

16 이메일, ERP, CRM 등 다양한 응용 프로그램을 서비스 형태로 제공하는 클라우드 서비스는?

① IaaS(Infrastructure as a Service)

② NaaS(Network as a Service)

③ PaaS(Platform as a Service)

④ SaaS(Software as a Service)

ANSWER 16.④

16 클라우드 서비스(cloud service) … 인터넷으로 연결된 초대형 고성능 컴퓨터(데이터센터)에 소프트웨어와 콘텐츠를 저장해 두고 필요할 때마다 꺼내 쓸 수 있는 서비스

㉠ 전통적 분류

- IaaS(Infrastructure as a Service) : 응용서버, 웹서버 등을 운영하기 위해서는 기존에는 하드웨어 서버, 네트워크, 저장장치, 전력 등 여러 가지 인프라가 필요한 가상의 환경에서 쉽고 편하게 이용할수 있게 제공하는 서비스
- PaaS(Platform as a Service) : 개발자가 개발환경을 위한 별도의 하드웨어, 소프트웨어 등의 구축비용이 들지 않도록 개발구축하고 실행하는데 필요한 환경을 제공하는 서비스
- SaaS(Software as a Service) : 제공자가 소유하고 운영하는 소프트웨어를 웹 브라우저 등을 통해 사용하는 서비스

㉡ 추가적 분류

- BPass(Business Process as a Service) : IBM에서 제시한 클라우드 컴퓨팅 참조 모델에서는 상기 이외에 비즈니스 프로세스를 서비스
- DaaS(Desktop as a Service) : 고객의 데스크탑이 클라우드 인프라 상에서 가상 머신 형태로 실행되며, 사용자는 다양한 경량 클라이언트 또는 제로 클라이언트를 이용하여 데스크탑에 접근
- SecaaS(Security as a Service) : 클라우드 컴퓨팅 안에서 보안 보장을 제공하기 위한 방법
- CaaS(Communication as a Service) : 실시간 통신과 협력 서비스를 제공하기 위한 클라우드 서비스를 제공
- NaaS(Network as a Service) : 트랜스포트 연결 서비스와 인터-클라우드 네트워크 연결 서비스를 제공하기 위한 클라우드 서비스를 제공

17 다음 C 프로그램의 출력 결과는?

```
#include <stdio.h>
int main() {
   char msg[50] = "Hello World!! Good Luck!";
   int i = 2, number = 0;
   while (msg[i] != '!') {
      if (msg[i] == 'a' || msg[i] == 'e' || msg[i] == 'i' || msg[i] == 'o' || msg[i] == 'u')
         number++;
      i++;
   }
   printf("%d", number);
   return 0;
}
```

① 2

② 3

③ 5

④ 6

ANSWER 17.①

17 문자열을 문자형 배열로 저장하여 일정 범위에 있는 모음(a, e, i, o, u)의 개수를 세는 소스코드이다.

char msg[50] = "Hello World!! Good Luck!"; → "Hello World!! Good Luck!";에서 범위는
int i = 2, number = 0; → 배열 2번째 (i의 초기값이 2이므로)부터 11번째 까지
while (msg[i] != '!') {
if (msg[i] == 'a' || msg[i] == 'e' || msg[i] == 'i' || msg[i] == 'o' || msg[i] == 'u')
number++;
i++;
→ 반복문의 범위를 지정
"llo World!!

전체 문자열 중에 일정범위 "llo World"에 들어있는 모음(a,e,i,o,u)의 개수를 세는 것으로 일점범위 안에는 "o"만 2개 들어 있다.

18 마이크로프로세서에 관한 설명으로 옳은 것만을 모두 고르면?

㉠ 모든 명령어의 실행시간은 클럭 주기(clock period)보다 작다. ㉡ 클럭 속도는 에너지 절약이나 성능상의 이유로 일시적으로 변경할 수 있다. ㉢ 일반적으로 RISC는 CISC에 비해 명령어 수가 적고, 명령어 형식이 단순하다.

① ㉢
② ㉠, ㉡
③ ㉠, ㉢
④ ㉡, ㉢

19 소프트웨어 규모를 예측하기 위한 기능점수(function point)를 산정할 때 고려하지 않는 것은?

① 내부논리파일(Internal Logical File)
② 외부입력(External Input)
③ 외부조회(External inQuiry)
④ 원시 코드 라인 수(Line Of Code)

ANSWER 18.④ 19.④

18 마이크로프로세서 … 제어장치, 연산장치, 레지스터가 한 개의 반도체 칩(IC)에 내장된 장치로, 개인용 컴퓨터(PC)에서 중앙처리장치로 사용되고 있으며 클럭 주파수와 내부 버스의 폭으로 성능을 평가한다. 마이크로프로세서는 설계방식에 따라 RISC와 CISC로 나누며 RISC방식은 명령어의 종류가 적어 전력 소비가 적고, 속도고 빠르지만 복잡한 연산을 수행하기 위해 명령어 들을 반복 조합해서 사용해야 하므로 레지스터를 많이 필요로 하고 프로그램도 복잡하다.

19 ④ 원시 코드 라인 수(Line Of Code) : 소프트웨어 각 기능의 원시 코드 라인 수의 비관치, 낙관치, 중간치를 측정하여 예측치를 구하고 계산하여 산정
- 계산법 : (낙관치+(4*중간치)+비관치)/6

※ 기능점수(Function Point)의 정의 … SW의 규모를 외부입력, 외부출력, 논리적 내부파일, 외부인터페이스, 외부질의 5가지 유형으로 나누어 점수를 구한 후 프로젝트 특성에 적절한 가중치를 선택, 곱하여 각 요인별 기능 점수를 계산, 산출하여 예측하는 기법

20 LTE(Long-Term Evolution) 표준에 대한 설명으로 옳은 것만을 모두 고르면?

㉠ 다중입력 다중출력(MIMO) 안테나 기술을 사용한다. ㉡ 4G 무선기술로서 IEEE 802.16 표준으로도 불린다. ㉢ 음성 및 데이터 네트워크를 통합한 All-IP 네트워크 구조이다. ㉣ 다운스트림에 주파수 분할 멀티플렉싱과 시간 분할 멀티플렉싱을 결합한 방식을 사용한다.

① ㉠, ㉢

② ㉡, ㉣

③ ㉠, ㉡, ㉢

④ ㉠, ㉢, ㉣

ANSWER 20.④

20 IEEE 802.16 … IEEE 802 위원회에서 무선 도시권 통신망(WMAN: Wireless Metropolitan Area Network)의 표준화를 추진하는 위원회와 관련 표준을 통칭. WiMAX 표준등을 담당

컴퓨터일반 2019. 6. 15. 제1회 지방직 시행

1 저급언어에 해당하는 프로그래밍 언어는?

① 어셈블리어(Assembly Language)

② 자바(Java)

③ 코볼(COBOL)

④ 포트란(Fortran)

2 중앙처리장치(CPU)의 구성 요소로만 묶은 것은?

㉠ ALU	㉡ DRAM
㉢ PCI	㉣ 레지스터
㉤ 메인보드	㉥ 제어장치

① ㉠, ㉡, ㉣ ② ㉠, ㉣, ㉥

③ ㉣, ㉤, ㉥ ④ ㉠, ㉢, ㉣, ㉥

ANSWER 1.① 2.②

1 ㉠ 저급언어 : 컴퓨터 내부에서 바로 처리 가능한 프로그래밍 언어로 일반적으로 기계어와 어셈블리어를 말한다.

㉡ 고급언어 : 저급언어가 기계에 가까운 언어라면 고급언어는 프로그래밍을 하는 사람에 가까운 언어라고 할수 있으며 저급언어에 비해서 가독성이 높고 다루기가 쉽다는 장점이 있다. 컴파일러나 인터프리터에 의해 저급언어로 번역이 되어 실행된다. 대표적으로 C, C++, JAVA등 프로그래밍 언어들이 속해 있다.

2 중앙처리장치(CPU) … 명령어의 해석과 자료의 연산, 비교 등의 처리를 제어하는 컴퓨터시스템의 핵심장치로 레지스터, 연산장치, 제어장치로 구성된다.

- 제어장치 : 레지스터 사이의 데이터 전송을 감시하고 연산장치의 동작을 지시하는 장치
- 연산장치 : 명령어를 실행하기 위한 마이크로 연산을 수행하는 장치
- 레지스터 : 한 비트를 저장할 수 있는 플립플롭의 모임으로 중앙처리장치 내에 있는 소규모의 임시 기억장소

3 다음에서 설명하는 네트워크 구조는?

> • 구축 비용이 저렴하고 새로운 노드를 추가하기 쉽다.
> • 네트워크의 시작과 끝에는 터미네이터(Terminator)가 붙는다.
> • 연결된 노드가 많거나 트래픽이 증가하면 네트워크 성능이 크게 저하된다.

① 링(Ring)형
② 망(Mesh)형
③ 버스(Bus)형
④ 성(Star)형

4 다음에서 설명하는 객체지향 프로그래밍의 특징은?

> • 객체를 구성하는 속성과 메서드가 하나로 묶여 있다.
> • 객체의 외부와 내부를 분리하여 외부 모습은 추상적인 내용으로 보여준다.
> • 객체 내의 정보를 외부로부터 숨길 수도 있고, 외부에 보이게 할 수도 있다.
> • 객체 내부의 세부 동작을 모르더라도 객체의 메서드를 통해 객체의 기능을 활용할 수 있다.

① 구조성
② 다형성
③ 상속성
④ 캡슐화

ANSWER 3.③ 4.④

3 ③ 버스(Bus)형은 일반적으로 많이 사용하는 네트워크 방식으로 네트워크 상의 모든 호스트들이 하나의 케이블에 연결된 형태로 관리가 불편하다.
① 링(Ring)형은 버스 토폴로지형태와 비슷하며 양 종단이 서로 연결되어 링형을 이루며 대기 시간이 길다.
② 망(Mesh)형은 모든 네트워크 또는 컴퓨터들이 네트워크 상이나 개별적으로 네트워크와 연결된 형태로 비용이 많이 든다.
④ 성(Star)형은 중앙의 시스템과 개별 호스트는 점대 점 방식으로 연결되어 있으며 중앙 집중 관리가 쉽다.

4 ④ 캡슐화란 외부에 대한 가시적인 부분과 내부 및 구현에 관계되는 세부적인 사항을 분리하는 모델링 및 구현기법으로 복잡하고 불필요한 부분등을 사용자에게 안보이게 하고 외부세계와 인터페이스를 잘 할수 있도록 표준화 시킨 포장이 잘 되도록 함

5 **하나의 프로세스가 CPU를 할당받은 후에는, 스스로 CPU를 반납할 때까지 다른 프로세스가 CPU를 차지할 수 없도록 하는 스케줄링 기법에 해당하는 것만을 모두 고르면?**

> ㉠ FCFS(First Come First Served)
> ㉡ RR(Round Robin)
> ㉢ SRT(Shortest Remaining Time)

① ㉠　　② ㉠, ㉢
③ ㉡, ㉢　　④ ㉠, ㉡, ㉢

6 **프로그램 내장 방식에 대한 설명으로 옳지 않은 것은?**

① 프로그램 내장 방식을 사용한 최초의 컴퓨터는 에니악(ENIAC)이다.
② 현재 사용되는 대부분의 컴퓨터는 프로그램 내장 방식을 사용하고 있다.
③ 컴퓨터가 작업을 할 때마다 설치된 스위치를 다시 세팅해야 하는 번거로움을 해결하기 위해 폰 노이만이 제안하였다.
④ 프로그램과 자료를 내부의 기억장치에 저장한 후 프로그램 내의 명령문을 순서대로 꺼내 해독하고 실행하는 개념이다.

ANSWER 5.① 6.①

5 ㉠ FCFS(First Come First Served) : 도착순 서비스로 우선순위가 붙은 가장 기본적인 대기 행렬에 대한 서비스 방법의 하나로 서비스 창구에 도착한 순서로 처리되는 것

6 ① 프로그램 내장 방식은 프로그램과 데이터를 주기억장치에 저장해 두고, 주기억장치에 있는 프로그램 명령어를 하나씩 차례대로 수행하는 방식으로 프로그램내장방식을 도입한 컴퓨터는 애드삭(EDSAC)이다.

7 **CISC(Complex Instruction Set Computer)와 RISC(Reduced Instruction Set Computer)에 대한 설명으로 옳지 않은 것은?**

① CISC 구조에서 명령어의 길이는 가변적이다.

② 전형적인 RISC 구조의 명령어는 메모리의 피연산자를 직접 처리한다.

③ RISC 구조는 명령어 처리구조를 단순화시켜 기계어 명령의 수를 줄인 것을 말한다.

④ CISC 구조는 RISC 구조에 비해서 상대적으로 명령어 실행 단계가 많고 회로 설계가 복잡하다.

8 **릴레이션 R = {A, B, C, D, E}이 함수적 종속성들의 집합 FD = {A → C, {A, B} → D, D → E, {A, B} → E}를 만족할 때, R이 속할 수 있는 가장 높은 차수의 정규형으로 옳은 것은? (단, 기본키는 복합속성 {A, B}이고, 릴레이션 R의 속성 값은 더 이상 분해될 수 없는 원자 값으로만 구성된다)**

① 제1정규형

② 제2정규형

③ 제3정규형

④ 보이스 / 코드 정규형

ANSWER 7.② 8.①

7

CISC(Complex Instruction Set Computer)	RISC(Reduced Instruction Set Computer)
• 가변길이 명령어 사용 • 명령어 파이프 라이닝 힘듦 • 컴파일러 복잡 • 비교적 명령어 적게 사용하여 프로그램 실행가능	• 고정길이 명령어 사용 • 복잡한 주소지정 방식 제거 • 명령어 파이프 라이닝 활용도 높임 • 컴파일러 최적화 • 명령어가 적고 단순하여 많은 수의 명령어가 조합됨

8 제1정규형은 어떤 릴레이션에 속한 모든 도메인이 원자 값을 가져 더 이상 분해할 수 없는 상태로 즉 중복을 제거한 것이다.

9 **인터넷의 전송 계층에서 사용하는 프로토콜로 TCP와 UDP가 있다. TCP와 UDP 모두에서 제공하지 않는 기능은?**

① 연결 설정(Connection Setup)

② 오류 검출(Error Detection)

③ 지연시간 보장(Delay Guarantee)

④ 혼잡 제어(Congestion Control)

10 **유비쿼터스를 응용한 컴퓨팅 기술에 대한 설명으로 옳지 않은 것은?**

① 엑조틱 컴퓨팅(Exotic Computing)은 스스로 생각하여 현실세계와 가상세계를 연계해 주는 컴퓨팅 기술이다.

② 노매딕 컴퓨팅(Nomadic Computing)은 장소에 상관없이 다양한 정보기기가 편재되어 있어 사용자가 정보기기를 휴대할 필요가 없는 컴퓨팅 기술이다.

③ 디스포절 컴퓨팅(Disposable Computing)은 컴퓨터가 센서 등을 통해 사용자의 상황을 인식하여 사용자가 필요로 하는 정보를 제공해 주는 컴퓨팅 기술이다.

④ 웨어러블 컴퓨팅(Wearable Computing)은 컴퓨터를 옷이나 안경처럼 착용할 수 있게 해줌으로써 컴퓨터를 인간의 몸의 일부로 여길 수 있도록 하는 컴퓨팅 기술이다.

ANSWER 9.③ 10.③

9

TCP(Transmission Control Protocol)	UDP(User Datagram Protocol)
연결 지향적 프로토콜	비연결성 프로토콜
• 신뢰적인 전송을 보장 • 연결관리를 위한 연결설정 및 연결종료 • 패킷 손실, 중복, 순서바뀜 등이 없도록 보장 • 양단간 프로세스는 TCP가 제공하는 연결성 회선을 통하여 서로 통신	• 신뢰성 없음 • 순서화하지 않은 데이터 그램 서비스 제공 • 순서제어, 흐름제어, 오류제어 거의 없음 • 실시간 스트리밍 • 헤더가 단순

10 **유비쿼터스 컴퓨팅** … 컴퓨터가 우리들의 일상생활 주변에 스며들어 실제로 눈에 보이지 않기 때문에 우리가 느끼지 못하는 사이에 편하게 컴퓨터를 사용한다는 개념이다.

③ **디스포절 컴퓨팅**(Disposable Computing) : 1회용 종이처럼 컴퓨터의 가격이 저렴하여 모든 사물에 컴퓨터 기술이 활용될수 있음을 나타냄.

감지 컴퓨팅(Sentient Computing) : 컴퓨터가 센서 등을 통해 사용자의 상황을 인식하여 사용자가 필요로 하는 정보를 제공해 주는 컴퓨팅 기술이다.

11 **컴퓨터 명령어 처리 시 필요한 유효 주소(Effective Address)를 찾기 위한 주소 지정 방식에 대한 설명으로 옳지 않은 것은?**

① 즉시 주소 지정 방식(Immediate Addressing Mode)은 유효 데이터가 명령어 레지스터 내에 있다.

② 간접 주소 지정 방식(Indirect Addressing Mode)으로 유효 데이터에 접근하는 경우 주기억장치 최소접근횟수는 2이다.

③ 상대 주소 지정 방식(Relative Addressing Mode)은 프로그램 카운터와 명령어 내의 주소필드 값을 결합하여 유효 주소를 도출한다.

④ 레지스터 주소 지정 방식(Register Addressing Mode)은 직접 주소 지정 방식(Direct Addressing Mode)보다 유효 데이터 접근속도가 느리다.

12 **컴퓨터 시스템에서 교착상태의 해결 방안에 대한 설명으로 옳지 않은 것은?**

① 교착상태가 발생할 가능성을 사전에 없앤다.

② 하나의 프로세스만이 한 시점에서 하나의 자원을 사용할 수 있게 한다.

③ 교착상태가 탐지되면, 교착상태와 관련된 프로세스와 자원을 시스템으로부터 제거한다.

④ 교착상태가 발생할 가능성을 인정하고, 교착상태가 발생하려고 할 때 이를 회피하도록 한다.

ANSWER 11.④ 12.②

11 ④ 레지스터 주소 지정 방식(Register Addressing Mode)은 연산에 사용할 데이터가 레지스터에 저장되어 있다.

12 교착상태 … 한정된 자원을 여러 곳에서 사용하려고 할 때 모두 작업수행을 할 수 없이 대기 상태에 놓이는 상태

- 교착상태는 예방을 하거나 회피, 무시 또는 발견하는 방법으로 관리하며 예방을 하는 방법은 교착상태의 필요조건 4가지 중 한 가지라도 발생하지 않도록 각 조건 중 한 가지 이상을 제거한다.
- 회피는 운영체제가 자체적으로 프로세스가 요청할 자원에 대한 정보를 가지고 자원 요청을 허용할 여부를 결정하는 등 자원 할당 상태를 검사한다.
- 예방과 회피 방법은 성능에 영향을 끼치기 때문에 교착 상태 발생률이 낮은 경우 무시를 하며 그 외 교착상태를 발견하는 알고리즘을 제공하여 해결하는 방법도 있다.

13 다음과 같은 압축되지 않은 비트맵 형식의 이미지를 RLE(Run Length Encoding) 방식을 이용하여 압축했을 때 압축률이 가장 작은 것은? (단, 모든 이미지의 가로와 세로의 길이는 동일하고, 가로 방향 우선으로 픽셀을 읽어 처리한다)

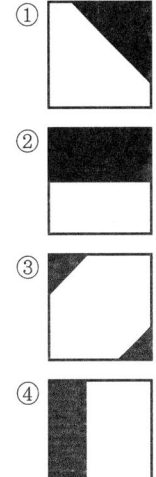

① 

② 

③ 

④ 

ANSWER 13.④

13 RLE(Run Length Encoding) 방식은 여러가지 데이터 압축 알고리즘 중 가장 간단하고 쉬운편이다. 같은 단위의 데이터가 반복된다면 해당 데이터 1개와 반복 횟수만을 나타내는 것으로 단순하지만 특정상황에 매우 유리하다.

14 다음 Java 프로그램은 3의 배수를 제외한 1부터 10까지 정수의 누적 합이 10을 초과하는 최초 시점에서의 합을 출력하는 프로그램이다. ㉠과 ㉡에 들어가는 내용으로 적절한 것은?

```
public class JavaApplication {
    public static void main(String[] args) {
        int i = 0, sum = 0;
        while(i < 10) {
            i++;
            if(i % 3 == 0) ㉠          ;
            if(sum > 10)  ㉡          ;
            sum += i;
        }
        System.out.println("sum=" + sum);
    }
}
```

	㉠	㉡
①	break	goto
②	continue	break
③	final	continue
④	return	break

ANSWER 14.②

14 ㉠ : if(i % 3 == 0) 조건에서 보이듯이 3으로 나누어 나머지가 0과 같을 경우 반복문의 처음으로 돌아가야 하기 때문에 ㉠ 빈칸에는 continue 명령어를 넣어야 한다.

㉡ : 합이 10을 초과 할 경우 sum의 값을 출력해야 하기 때문에 ㉡ 빈칸에는 반복문을 빠져나가는 break 명령어를 넣어야 한다.

15 다중 스레드(Multithread)에 대한 설명으로 옳은 것만을 모두 고르면?

> ㉠ 스레드는 프로세스보다 더 큰 CPU의 실행 단위이다.
> ㉡ 단일 CPU 컴퓨터에서 작업을 수행하는 스레드들은 CPU 자원을 공유한다.
> ㉢ 스레드는 프로세스와 마찬가지로 독립적인 PC(Program Counter)를 가진다.
> ㉣ 프로세스 간의 문맥교환은 동일 프로세스에 있는 스레드 간의 문맥교환에 비해 비용면에서 효과적이다.

① ㉠, ㉡
② ㉠, ㉣
③ ㉡, ㉢
④ ㉡, ㉣

16 구매 방법에 따른 소프트웨어 분류에 대한 설명으로 옳은 것은?

① 프리웨어(Freeware)는 라이선스 없이 무료로 배포되어, 영리목적 기관에서도 자유롭게 배포할 수 있는 소프트웨어이다.
② 라이트웨어(Liteware)는 상용 소프트웨어의 일부 기능만을 사용할 수 있도록 하여, 낮은 가격에 판매되는 소프트웨어이다.
③ 오픈소스 소프트웨어(Open Source Software)는 프로그램 소스가 공개되어 있으나, 저작권자의 동의 없는 임의 수정은 불가능하다.
④ 셰어웨어(Shareware)는 시범적으로 사용자에게 무료로 제공한 후 일정 기간이 지나면, 유용성에 따라서 구매하도록 하는 소프트웨어이다.

ANSWER 15.③ 16.④

15 하나의 프로세스 내에서 하나의 스레드가 아닌 여러개의 스레드를 형성하여 명령어들을 처리하는 것으로 멀티 스레딩은 서로 간의 자원 공유가 가능하다.

16 ① 프리웨어(Freeware) : 무료로 복제하고 계속 사용할 수 있는 공개 소프트웨어
② 라이트웨어(Liteware) : 사용기간의 제약이 없는게 특징인 일반용 소프트웨어 버전에서 몇가지 핵심 기능을 제거하고 무료로 배포하는 견본 프로그램
③ 오픈소스 소프트웨어(Open Source Software) : 무상으로 공개된 소프트웨어

17 **프로세스 상태 전이에서 준비(Ready) 상태로 전이되는 상황만을 모두 고르면? (단, 동일한 우선순위의 프로세스가 준비 상태로 한 개 이상 대기하고 있다)**

> ㉠ 실행 상태에 있는 프로세스가 우선순위가 높은 프로세스에 의해 선점되었을 때
> ㉡ 블록된(Blocked) 상태에 있는 프로세스가 요청한 입출력 작업이 완료되었을 때
> ㉢ 실행 상태에 있는 프로세스가 작업을 마치지 못하고 시간 할당량을 다 썼을 때

① ㉠, ㉡
② ㉠, ㉢
③ ㉡, ㉢
④ ㉠, ㉡, ㉢

ANSWER 17.④

17 **프로세스 상태 전이에서 준비(Ready) 상태로 전이되는 상황** … 준비상태로 전이되는 경우 필요한 자원을 모두 소유하고 프로세서를 요청하고 있는 상태를 말한다.

- 프로세서는 프로세스가 프로세스를 할당 받기 위해 기다리고 있는 상태이면서 프로세스는 준비(Ready) 상태 큐에서 실행을 준비하는 준비 상태/ 준비 상태 큐에 있는 프로세스가 프로세서를 할당 받아 실행되는 상태이면서 프로세스 수행이 완료되기 전에 프로세서에게 주어진 프로세서 할당 시간이 종료되면 프로세스는 준비 상태로 전이 되고 실행 중인 프로세서에 입출력처리가 필요하면 실행 중인 프로세스는 대기 상태로 전이가 되는 실행(Running)상태/ 프로세서에 입출력 처리가 필요하면 현재 수행 중인 프로세스가 중단되고 대기(Block) 상태로 전이 되고 입출력 처리가 완료되면 대기 상태에서 준비 상태로 전이 되는 대기 상태가 존재 한다.
- 준비상태에 있던 프로세스가 CPU에 할당받아 실행되는 걸 디스패치(Dispatch)라 하고 실행중인 프로그램이 할당된 시간이 끝나서 다시 준비 상태로 돌아가는 걸 타임아웃(Timeout)이라고 한다. 이때 프로세스가 모든 명령의 실행을 마치지 못했다 하더라도 할당된 시간이 끝나면 다시 준비 상태로 타임아웃 하게 된다. 그리고 다시 준비 상태에서 기다리다가 CPU에 할당되어 다시 실행 상태로 디스패치 되고 또 할당된 시간이 끝나면 다시 준비 상태 타임아웃 되고는 순환을 반복한다.
- CPU가 프로세스를 실행 중일 때 갑자기 급한 프로세스가 CPU를 사용해야 할 일이 생기면 실행 중인 프로세스는 대기 상태로 들어가게 되는데 이를 Blocked라고 한다. 그리고 급한 프로세스가 끝났다고 해서 대기 상태에 있던 프로세스가 다시 실행 상태로 돌아가는 건 아니고 준비 상태로 돌아가게 되고 다시 디스패치 되어 실행 상태로 상태전이를 하게 된다.
- 디스패치(Dispatch) : 준비 상태에서 대기하고 있는 프로세스 중 하나가 프로세스를 할당받아 실행 상태로 전이되는 과정
- Wake-UP : 입/출력 작업이 완료되어 프로세스가 대기 상태에서 준비 상태로 전이되는 과정

18 최대 히프 트리(Heap Tree)로 옳은 것은?

①

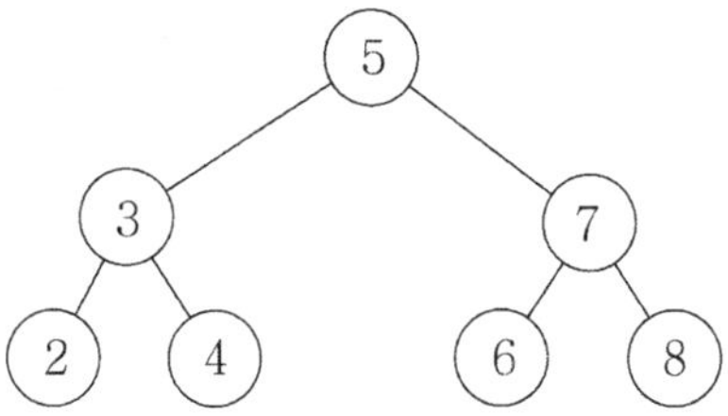

②

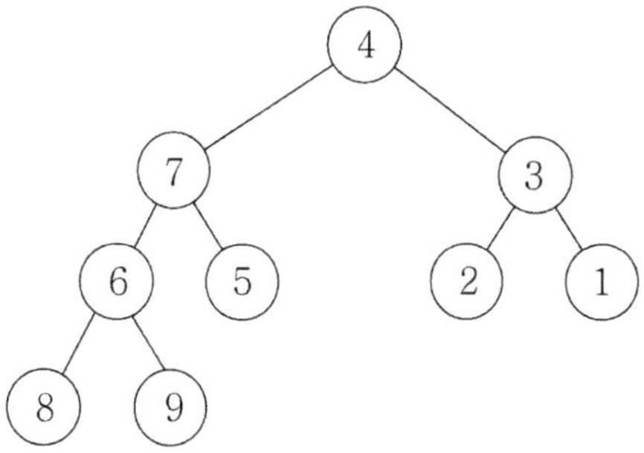

③

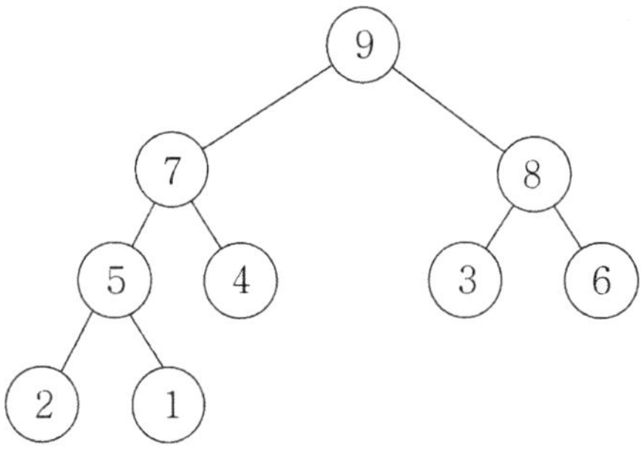

④

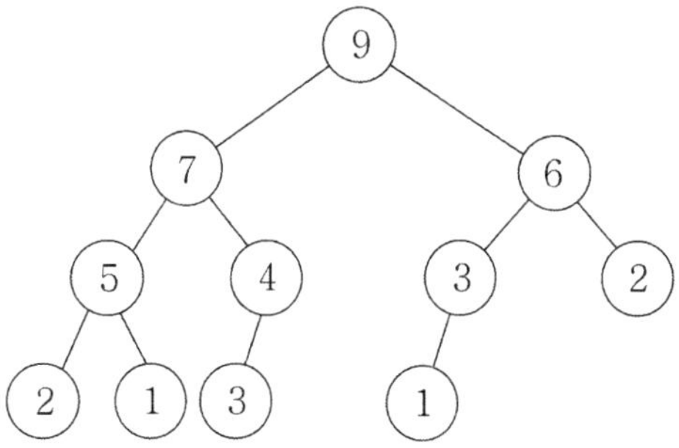

ANSWER 18.③

18 히프(heap) … 완전 이진 트리에 있는 노드 중에서 키 값이 가장 큰 노드나 키 값이 가장 작은 노드를 찾기 위해서 만든 자료구조

- **최대 히프**(max heap) : 키 값이 가장 큰 노드를 찾기 위한 완전 이진 트리
  - 부모노드의 키 값 ≥ 자식노드의 키 값
  - 루트 노드 : 키 값이 가장 큰 노드
- **최소 히프**(min heap) : 키 값이 가장 작은 노드를 찾기 위한 완전 이진 트리
  - 부모노드의 키 값 ≤ 자식노드의 키 값
  - 루트 노드 : 키 값이 가장 작은 노드

19 CSMA/CD(Carrier Sense Multiple Access with Collision Detection)에 대한 설명으로 옳은 것만을 고르면?

㉠ 버스형 토폴로지에 많이 사용한다. ㉡ 데이터 전송 시간 및 충돌에 의한 데이터 지연 시간을 정확히 예측할 수 있다. ㉢ 데이터를 전송하기 전에 통신회선의 사용 여부를 확인하고 전송하는 방식이다. ㉣ 전송할 데이터가 없을 때에도 토큰이 통신회선을 회전하면서 점유하는 단점이 있다.

① ㉠, ㉢
② ㉠, ㉣
③ ㉡, ㉢
④ ㉡, ㉣

20 다음 식과 논리적으로 같은 것은?

$(x + y \geq z \text{ AND } (x + y \geq z \text{ OR } x - y \leq z) \text{ AND } x - y > z) \text{ OR } x + y < z$

① $x + y < z$
② $x - y > z$
③ $x + y \geq z \text{ OR } x - y \leq z$
④ $x + y < z \text{ OR } x - y > z$

ANSWER 19.① 20.④

19 CSMA/CD(Carrier Sense Multiple Access with Collision Detection) : 이더넷에서 사용하는 통신 방식으로 버스에 연결된 여러 통신 주체들이 동시에 통신을 하게 되어 발생하는 충돌을 막기 위해서 사용하는 프로토콜

20 • $(\underline{x + y \geq z} \text{ AND } (x + y \geq z \text{ OR } x - y \leq z) \text{ AND } x - y > z) \text{ OR } x + y < z$

→A 라고 가정→$(x + y \geq z$ 조건과 A'→$x + y < z$ 조건은 반대 되는 식

• $(x + y \geq z \text{ AND } (x + y \geq z \text{ OR } \underline{x - y \leq z}) \text{ AND } \underline{x - y > z}) \text{ OR } x + y < z$

→B →$\underline{x - y \leq z}$ 조건과 B'→$\underline{x - y > z}$ 조건은 반대 되는 식

(A and(A or B)and B')or A'

(A · (A+B) · B')+A'→분배법칙

(A+AB) · B')+A'

(A · B')+A'→분배법칙

B'+A'

A'+B'

A'→$x + y < z$ or B'→$\underline{x - y > z}$

결과 : $x + y < z$ or $x - y > z$

2019. 6. 15. 제2회 서울특별시 시행

1 C 프로그램을 컴파일하면 〈보기〉와 같은 것들이 실행된다. 이 중 3번째로 실행되는 것은?

> 〈보기〉
> 링커(linker), 어셈블러(assembler),
> 전처리기(preprocessor), 컴파일러(compiler)

① 링커(linker)
② 어셈블러(assembler)
③ 전처리기(preprocessor)
④ 컴파일러(compiler)

ANSWER 1.②

1 실행파일 순서 … 코드작성 – 전처리기(preprocessor) → 컴파일러(compiler) → 어셈블러(assembler) → 링커(Linker)→ 실행파일 생성

③ 전처리기(preprocessor) : 전처리 프로그램으로 컴퓨터 처리에서 중심적인 처리를 행하는 프로그램의 조건에 맞추기 위한 사전 처리나 사전 준비적인 계산 또는 편성을 행하는 프로그램

④ 컴파일러(compiler) : 고급언어로 쓰인 프로그램을 그와 의미적으로 동등하며 컴퓨터에서 즉시 실행될 수 있는 형태의 목적 프로그램으로 바꾸어 주는 번역 프로그램

② 어셈블러(assembler) : 기호언어로 쓰인 프로그램을 컴퓨터가 해독할 수 있는 코드로 고치기 위한 프로그램

① 링커(linker) : 링커 (linker) 또는 링크 에디터 (link editor)는 컴퓨터 과학에서 컴파일러가 만들어낸 하나 이상의 목적 파일을 가져와 이를 단일 실행 프로그램으로 병합하는 프로그램

2 **유닉스 파일 시스템에 대한 설명으로 가장 옳지 않은 것은?**

① 슈퍼블록은 전체 블록의 수, 블록의 크기, 사용 중인 블록의 수 등 파일 시스템의 정보를 가지고 있다.

② 아이노드는 파일의 종류, 크기, 소유자, 접근 권한 등 각종 속성 정보를 가지고 있다.

③ 파일마다 데이터 블록, 아이노드 외에 직접 블록 포인터와 단일·이중·삼중 간접 블록 포인터로 구성된 인덱스 정보를 가진 인덱스 블록을 별도로 가지고 있다.

④ 디렉터리는 하위 파일들의 이름과 아이노드 포인터 (또는 아이노드 번호)를 포함하는 디렉터리 엔트리들로 구성한다.

3 **〈보기〉는 8비트에 부호 있는 2의 보수 표현법으로 작성한 이진수이다. 이에 해당하는 십진 정수는?**

〈보기〉
1 0 1 1 1 1 0 0

① −60

② −68

③ 94

④ 188

ANSWER 2.③ 3.②

2 • 유닉스 파일 시스템(UNIX File System, UFS) : 유닉스 및 유닉스 계열 운영체제에 쓰이는 파일 시스템 또는 그 개념
• 유닉스 커널 : 모든 파일들을 바이트 단위의 스트림으로 간주
• 파일과 데이터 블록
 − 파일 : 마지막 영역에 단편을 가진 고정 크기의 데이터 블록의 배열로서 저장
 − 데이터 블록 : I−노드에 있는 포인터에 의해 검색되며 엔트리는 i−노드를 가짐

3 1의 보수로 변환한뒤 결과값 오른쪽 끝자리에 1을 더해준뒤 2의 보수를 구한다.
왼쪽 첫 자리는 부호자리이다.

4 〈보기〉가 설명하는 것은?

> 〈보기〉
>
> 다음에 실행할 명령어의 주소를 보관하는 레지스터 이다. 계수기로 되어 있어 실행할 명령어를 메모리에서 읽으면 명령어의 길이만큼 증가하여 다음 명령어를 가리키며, 분기 명령어는 목적 주소로 갱신할 수 있다.

① 명령어 레지스터
② 프로그램 카운터
③ 데이터 레지스터
④ 주소 레지스터

5 운영체제에서 가상 메모리의 페이지 교체 기법에 대한 설명으로 가장 옳지 않은 것은?

① FIFO 기법에서는 아무리 참조가 많이 된 페이지라도 교체될 수 있다.
② LRU 기법을 위해서는 적재된 페이지들의 참조된 시간 또는 순서에 대한 정보가 필요하다.
③ Second-chance 기법에서는 참조 비트가 0인 페이지는 교체되지 않는다.
④ LFU 기법은 많이 참조된 페이지는 앞으로도 참조될 확률이 높을 것이란 판단에 근거한 기법이다.

ANSWER 4.② 5.③

4 ② **프로그램 카운터**(program counter) : 프로그램 카운터전자용어사전 컴퓨터에서의 제어 장치의 일부로, 컴퓨터가 다음에 실행할 명령의 로케이션이 기억되어 있는 레지스터
① **명령어 레지스터**(instruction register) : 현재 실행 중인 명령어를 기억하고 있는 중앙 처리 장치 내의 레지스터
③ **데이터 레지스터**(data register) : 데이터의 일시적인 저장에 사용되는 특정의 레지스터
④ **주소 레지스터**(address register) : 기억장치안에서 처리하는 데이터의 주소를 넣어 두는 레지스터

5 ※ 페이지 교체 알고리즘
1) FIFO(선입선출) : 각 페이지가 주기억장치에 가장 먼저 들어와서 가장 오래 있었던 페이지를 교체
2) LFU(최소빈도사용) : 사용빈도가 가장 적은 페이지 교체
3) LRU(최근최소사용) : 가장 오랫동안 사용하지 않은 페이지 교체
4) NUR(최근사용전문) : 최근에 사용하지 않은 페이지 교체
5) OPT(최적교체) : 앞으로 가장 오랫동안 사용하지 않을 페이지를 교체
6) SCR(2차기회교체) : 가장 오랫동안 주기억장치에 있던 페이지 중에서 자주 사용되는 페이지의 교체를 방지
 - SCR(Second Chance Replacement) : FIFO 기법의 단점을 보완하는 기법으로 교체 대상을 판별하기 전에 참조 비트를 검사하여 1일 때 한 번의 기회를 더 부여 하며 참조 비트가 1이면 큐의 맨 뒤로 피드백

6 **네트워킹 장비에 대한 설명으로 가장 옳지 않은 것은?**

① 라우터(router)는 데이터 전송을 위한 최선의 경로를 결정한다.

② 허브(hub)는 전달받은 신호를 그와 케이블로 연결된 모든 노드들에 전달한다.

③ 스위치(switch)는 보안(security) 및 트래픽(traffic) 관리 기능도 제공할 수 있다.

④ 브리지(bridge)는 한 네트워크 세그먼트에서 들어온 데이터를 그의 물리적 주소에 관계없이 무조건 다른 세그먼트로 전달한다.

7 **다음의 정렬된 데이터에서 2진 탐색을 수행하여 C를 찾으려고 한다. 몇 번의 비교를 거쳐야 C를 찾을 수 있는가? (단, 비교는 '크다', '작다', '같다' 중의 하나로 수행되고, '같다'가 도출될 때까지 반복된다.)**

A B C D E F G H I J K L M N O

① 1번

② 2번

③ 3번

④ 4번

ANSWER 6.④ 7.④

6 브리지(Bridge) : 두 개의 근거리통신망(LAN)을 서로 연결해 주는 통신망 연결 장치.

7 이진탐색 … 탐색 대상을 찾기 위해 자료를 1/2로 나누어 탐색하는 기법으로 배열의 크기에 관계없이 빠르게 탐색을 할 경우에 사용한다.

인덱스번호	1	2	3	4	5	6	7	8	9	10	11	12	13	14	15
원소	A	B	C	D	E	F	G	H	I	J	K	L	M	N	O

첫 번째로 (1+15)/2 = 8

두 번째로 (1+7)/2=4

세 번째로 (1+3)/2=2

네 번째로 (3+3)/2=3

8 **인터넷 서비스 관련 용어들에 대한 설명으로 가장 옳지 않은 것은?**

① ASP는 동적 맞춤형 웹페이지의 구현을 위해 사용된다.

② URL은 인터넷상에서 문서나 파일의 위치를 나타낸다.

③ HTML은 웹문서의 전달을 위한 통신 규약이다.

④ SSL은 안전한 웹통신을 위한 암호화를 위해 사용된다.

9 **〈보기〉의 배열 A에 n개의 원소가 있다고 가정하자. 다음 의사코드에 대한 설명으로 가장 옳지 않은 것은?**

〈보기〉

```
Function(A[ ], n)
{
for last ←n downto 2 // last를 n에서 2까지 1씩
감소
for i←1 to last-1
if (A[i]>A[i+1]) then A[i]↔A[i+1];//A[i]와
A[i+1]를 교환
}
```

① 제일 큰 원소를 끝자리로 옮기는 작업을 반복한다.

② 선택 정렬을 설명하는 의사코드이다.

③ O(n2)의 수행 시간을 가진다.

④ 두 번째 for 루프의 역할은 가장 큰 원소를 맨 오른쪽으로 보내는 것이다.

ANSWER 8.③ 9.②

8 ③ HTML(Hypertext Markup Language) : 웹 문서를 만들기 위하여 사용하는 기본적인 웹 언어의 한 종류로 하이퍼텍스트를 작성하기 위해 개발.
HTTP : 웹문서의 전달을 위한 통신 규약.

9 **버블정렬**(bubble sort) : 거품정렬이라고도 하며 서로 이웃한 데이터들을 비교하며 가장 큰 데이터를 가장 뒤로 보내며 정렬하는 방식

10 〈보기〉의 Java 프로그램의 실행 결과는?

〈보기〉

```
class A {
public void f() { System.out.print("1"); }
public static void g() { System.out.print("2"); }
}
class B extends A {
public void f() { System.out.print("3"); }
}
class C extends B {
public static void g() { System.out.print("4"); }
}
public class D {
public static void main(String args[]) {
A obj = new C();
obj.f();
obj.g();
}
}
```

① 3 2 ② 3 4

③ 1 2 ④ 1 4

ANSWER 10.①

10 오버라이딩…객체 지향 프로그래밍에서 서브클래스 또는 자식 클래스가 자신의 슈퍼클래스들 또는 부모 클래스들 중 하나에 의해 이미 제공된 메소드를 특정한 형태로 구현하는 것을 제공하는 언어의 특징

• 클래스는 A클래스를 상속 받는 B클래스와 B클래스를 상속받는 C클래스로 구성

- 먼저 A obj = new C();의 형태로 객체를 생성 할 경우 상속되는 클래스는 오버라이딩을 적용
- obj.f(); method를 호출 A클래스의 f()method를 재정의
  B클래스의 f()method가 수행
  3 출력
- obj.g(); method를 호출 C클래스의 g()method가 수행한 것처럼 오류
- A클래스의 g()method: static은 오버라이딩 되지 않고 A클래스의 g()method 수행시켜 2 출력

결과 : 3, 2

11 어떤 시스템은 7비트의 데이터에 홀수 패리티 비트를 최상위 비트에 추가하여 8비트로 표현하여 저장한다. 다음과 같은 데이터를 저장 장치에서 읽어 왔을 때 오류가 발생한 경우는?

① 011010111

② 101101111

③ 011001110

④ 101001101

12 고객, 제품, 주문, 배송업체 테이블을 가진 판매 데이터 베이스를 SQL을 이용해 구축하고자 한다. 각 테이블이 〈보기〉와 같은 속성을 가진다고 가정할 때, 다음 중 가장 옳지 않은 SQL문은? (단, 밑줄은 기본키를 의미한다.)

> 〈보기〉
> • 고객(<u>고객아이디</u>, 고객이름, 나이, 등급, 직업, 적립금)
> • 제품(<u>제품번호</u>, 제품명, 재고량, 단가, 제조업체)
> • 주문(<u>주문번호, 주문제품</u>, 주문고객, 수량, 배송지, 주문일자)
> • 배송업체(<u>업체번호</u>, 업체명, 주소, 전화번호)

① 고객 테이블에 가입 날짜를 추가한다. →
"ALTER TABLE 고객 ADD 가입 날짜 DATE;"

② 주문 테이블에서 배송지를 삭제한다. →
"ALTER TABLE 주문 DROP COLUMN 배송지;"

③ 고객 테이블에 18세 이상의 고객만 가입 가능하다는 무결성 제약 조건을 추가한다. →
"ALTER TABLE 고객 ADD CONSTRAINT CHK_AGE CHECK(나이>=18);"

④ 배송업체 테이블을 삭제한다. →
"ALTER TABLE 배송업체 DROP;"

ANSWER 11.① 12.④

11 홀수가 아닌 경우 잘못된 데이터이기 때문에 홀수가 아닌 데이터를 찾는다.

12 ④ 배송업체 테이블을 삭제 한다. →<u>DROP TABLE</u> 배송업체;
→DROP TABLE : 테이블 전체 삭제

13 〈보기〉의 UML 다이어그램 중 시스템의 구조(structure) 보다는 주로 동작(behavior)을 묘사하는 다이어그램들만 고른 것은?

〈보기〉

㉠ 클래스 다이어그램(class diagram)
㉡ 상태 다이어그램(state diagram)
㉢ 시퀀스 다이어그램(sequence diagram)
㉣ 패키지 다이어그램(package diagram)
㉤ 배치 다이어그램(deployment diagram)

① ㉠, ㉣
② ㉡, ㉢
③ ㉡, ㉤
④ ㉢, ㉣

ANSWER 13.②

13 • UML(Unified Modeling Language) … UNL은 클래스만을 그리는 도구는 아니고 객체 지향 설계 시에 사용되는 일반적인 모델링 언어

• 상태 다이어그램(statechart diagram)
  - 객체의 상태추이를 표현
  - 한 객체의 상태변화를 다이어그램으로 나타낸 것
  - 시스템의 실행 시 객체의 상태는 메시지를 주고 받음 or 어떠한 이벤트 발생으로 변화가 발생할 수 있음
  - 모든 객체의 상태 전부를 표시하는 것은 불가능 하므로 특별히 관심을 가져야 할 객체에 관하여 그리고 특정 조건에 만족하는 기간 동안의 상태를 표시

• 시퀀스 다이어그램
  - 객체 간의 상호작용(메시지 교환)을 표현
  - 시스템의 동적인 면을 나타냄
  - 시스템 실행 시 생성되고 소멸되는 객체를 표기하고 객체들 사이에 주고받는 메시지를 나타냄
  - 횡축을 시간축으로 하여 시간의 흐름을 나타내어 메시지의 순서에 역점을 둠

14 〈보기 1〉의 테이블 R에 대해 〈보기 2〉의 SQL을 수행한 결과로 옳은 것은?

〈보기 1〉

A	B
3	1
2	4
3	2
2	5
3	3
1	5

〈보기 2〉

```
SELECT SUM(B) FROM R GROUP BY A
HAVING COUNT(B) = 2;
```

① 2 ② 5

③ 6 ④ 9

ANSWER 14.④

14 SELECT SUM(B) FROM R GROUP BY A HAVING COUNT(B) = 2;

→A그룹에서 2인 값을 검색하여 B속성에서 값을 선택한 뒤 합계를 구하면 4+5=9 가 된다.

15 〈보기〉는 데이터가 정렬되는 단계를 일부 보여준 것이다. 어떤 정렬 알고리즘을 사용하면 이와 같은 데이터의 자리 교환이 일어나겠는가? (단, 제일 위의 행이 주어진 데이터이고, 아래로 내려갈수록 정렬이 진행되는 것이다.)

〈보기〉

초기 데이터	8 9 4 3 7 1 5 2
	8 9 3 4 1 7 2 5
	3 4 8 9 1 2 5 7
정렬 데이터	1 2 3 4 5 7 8 9

① 삽입 정렬
② 선택 정렬
③ 합병 정렬
④ 퀵 정렬

ANSWER 15.③

15 ③ **합병 정렬**: 배열을 하나의 원소가 될 때까지 분할한 후 분할된 두 그룹을 임시 저장공간에 작은 키값을 가지는 레코드부터 저장을 하며 합병이 이루어지며 이 과정을 반복하면 다시 원래 크기의 배열로 정렬되면서 완료된다.

16 〈보기〉의 각 설명과 일치하는 데이터 구조로 바르게 짝지어진 것은?

〈보기〉

(가) 먼저 추가된 항목이 먼저 제거된다.
(나) 먼저 추가된 항목이 나중에 제거된다.
(다) 항목이 추가된 순서에 상관없이 제거된다.

	(가)	(나)	(다)
①	큐	연결리스트	스택
②	스택	연결리스트	큐
③	스택	큐	연결리스트
④	큐	스택	연결리스트

ANSWER 16.④

16

〈보기〉

(가) 먼저 추가된 항목이 먼저 제거된다.	FIFO → 큐
(나) 먼저 추가된 항목이 나중에 제거된다.	FILO → 스택
(다) 항목이 추가된 순서에 상관없이 제거된다.	연결리스트

- **큐**(queue) : 한쪽 끝으로 자료를 넣고, 반대쪽에서는 자료를 뺄 수 있는 선형구조
- **스택**(stack) : 모든 원소들의 삽입(insert)과 삭제(delete)가 리스트의 한쪽 끝에서만 수행되는 제한 조건을 가지는 선형 자료구조(linear data structure)로서, 삽입과 삭제가 일어나는 리스트의 끝을 top이라 하고, 다른 한쪽 끝을 bottom이라 한다.
- **연결 리스트**(linked list) : 각 데이터들을 포인터로 연결하여 관리하는 구조다. 연결 리스트에서는 노드라는 새로운 개념이 나오는데, 각 노드는 데이터를 저장하는 데이터 영역과 다음 데이터가 저장된 노드를 가리키는 포인터 영역으로 구성된다.

17 전화번호의 마지막 네 자리를 3으로 나눈 나머지를 해싱(hashing)하여 데이터베이스에 저장하고자 한다. 나머지 셋과 다른 저장 장소에 저장되는 것은?

① 010−4021−6718

② 010−9615−4815

③ 010−7290−6027

④ 010−2851−5232

18 다음 메모리 영역 중 전역 변수가 저장되는 영역은?

① 데이터(Data)

② 스택(Stack)

③ 텍스트(Text)

④ 힙(Heap)

ANSWER 17.① 18.①

17 해싱(hashing) … '해시(hash)'는 잘게 자른 조각을 뜻하며, 전산 처리에서 '해싱(hashing)'은 디지털 숫자열을 원래의 것을 상징하는 더 짧은 길이의 값이나 키로 변환하는 것을 의미한다. 짧은 해시 키를 사용해 항목을 찾으면 원래의 값을 이용해서 찾는 것보다 더 빠르기 때문에, 해싱은 데이터베이스 내 항목들을 색인하고 검색하는 데 사용한다.

− 전화번호 마지막 네자리를 3으로 나눈 결과값을 찾는다.

① 6718 / 3 = 1

② 4815 / 3 = 0

③ 6024 / 3 = 0

④ 5232 / 3 = 0

18 ① 데이터(Data)

- 초기화 된 전역, 정적 변수가 저장되는 공간
- bss영역과 하나로 보는 경우가 많음
- 텍스트 영역보다 높은 주소

② 스택(Stack) : 예외적으로 높은 영역에서 낮은 영역으로 주소가 할당되는 공간, 지역변수가 저장됨

③ 텍스트(Text)

- 작성한 코드가 기계어로 변환되는 영역, EIP는 해당 코드의 흐름을 읽는 레지스트리
- 가장 낮은 주소

④ 힙(Heap) : 자유영역으로서 주소가 점점 커짐, 동적으로 할당된 메모리가 저장되는 공간

19 UML(Unified Modeling Language)에 대한 설명으로 가장 옳지 않은 것은?

① UML은 방법론으로, 단계별로 어떻게 작업해야 하는지 자세하게 나타낸다.

② UML은 소프트웨어의 구성요소와 그것들의 관계 및 상호작용을 시각화한 것.

③ UML은 객체지향 소프트웨어를 모델링하는 표준 그래픽 언어로, 심벌과 그림을 사용해 객체지향 개념을 나타낼 수 있다.

④ UML은 소프트웨어 개발의 중요한 작업인 분석, 설계, 구현의 정확하고 완벽한 모델을 제공

ANSWER 19.①

19 UML(Unified Modeling Language)

클래스만을 그리는 도구는 아니고 객체 지향 설계 시에 사용되는 일반적인 모델링 언어

특징 : 가시화언어, 시각적 모형 제공, 구축언어, 특정 프로그램 언어에 종속되지 않으며 명세화 언어

※ UML의 주요 다이어그램

㉠ 유스케이스 다이어그램
- 시스템의 기능과 유저를 표현
- 컴퓨터 시스템과 사용자가 상호작용 하는 경우

㉡ 클래스 다이어그램
- 시스템의 정적인 구조를 표현
- 시스템 내부에 존재하는 클래스들을 나타내고 각 클래스의 속성과 행위를 기입
- 클래스들 사이에 여러 가지 관계를 가짐 ex) 연관, 복합, 집합, 상속, 의존 관계 등
- 클래스 다이어그램을 그릴 때는 추상화 단계를 고려하여 그려야 함(너무 상세한 내용을 기입X)

㉢ 시퀀스 다이어그램
- 객체간의 상호작용(메시지 교환)을 표현
- 시스템의 동적인 면을 나타냄
- 시스템 실행시 생성되고 소멸되는 객체를 표기하고 객체들 사이에 주고받는 메시지를 나타냄
- 횡축을 시간축으로 하여 시간의 흐름을 나타내어 메시지의 순서에 역점을 둠

㉣ 콜레버레이션 다이어그램
- 객체간의 상호작용(메시지 교환)을 표현
- 시퀀스 다이어그램과 차이점은 객체와 객체들 사이의 관계 또한 표기

㉤ 객체 다이어그램
- 시스템 어느 시점에서의(스냅샷의) 정적인 구조를 표현
- 클래스 다이어그램을 구체화 시킨 것이라고 할 수 있음

㉥ 상태 다이어그램 (statechart diagram)
- 객체의 상태추이를 표현
- 한 객체의 상태변화를 다이어그램으로 나타낸 것
- 시스템의 실행 시 객체의 상태는 메시지를 주고 받음 or 어떠한 이벤트 발생으로 변화가 발생할 수 있음
- 모든 객체의 상태 전부를 표시하는 것은 불가능 하므로 특별히 관심을 가져야 할 객체에 관하여 그리고 특정 조건에 만족하는 기간 동안의 상태를 표시

㉦ 액티비티 다이어그램
- 처리나 업무의 흐름을 표현
- 시스템 내부에 존재하는 여러가지 행위, 각 행위의 분기, 분기되는 조건 등을 모두 포함
- 기존의 플로우차트와 다른 점은 어떠한 행위에 따라 객체의 상태를 표기할 수 있다는 점

㉧ 디플로이먼트 다이어그램, 컴포넌트 다이어그램
- 시스템의 물리적인 부분의 구성을 나타냄
- 디플로이먼트 다이어그램은 실제 하드웨어적 배치와 연결상태를 나타냄
- 컴포넌트 다이어그램은 소프트웨어의 물리적 단위의 구성과 연결상태를 나타냄

20 〈보기〉의 C 프로그램을 실행했을 때, 화면에 출력되는 값은? (단, 프로그램의 첫 번째 열의 숫자는 행 번호 이고 프로그램의 일부는 아님.)

〈보기〉

```
1 #include 〈stdio.h〉
2 #include 〈stdlib.h〉
3 #define N 3
4 int main(void){
5     int (*in)[N], *out, sum=0;
6
7     in=(int(*)[N])malloc(N*N*sizeof(int));
8     out=(int *)in;
9
10     for (int i=0; i 〈 N*N; i++)
11     out[i]=i;
12
13     for (int i=0; i 〈 N; i++)
14         sum+=in[i][i];
15
16     printf("%d", sum);
17     return 0;
18 }
```

① 0

② 3

③ 6

④ 12

ANSWER 20.④

20

〈보기〉

```
1 #include <stdio.h>  → 헤더파일 설정
2 #include <stdlib.h>  → 헤더파일 설정
3 #define N 3   → 매크로 설정
4 int main(void){
5   int (*in)[N], *out, sum=0;
6     배열포인터
      캐스팅(형변환)
7   in=(int (*)[N])malloc(N*N*sizeof(int));
                malloc으로 동적생성
8   out=(int *)in;
        int 형으로 캐스팅(형변환)
9
10   for (int i=0; i < N*N; i++)
              i를 3*3 즉 9까지 반복시킨다.
11   out[i]=i;    → out이라는 포인터변수는
12
13   for (int i=0; i < N; i++) → i를 0,1,2 반복시킨다.
14     sum+=in[i][i]; → sum+=in[i][i];  값을 누적시킨다.
15              in[0][0],in[1][1],in[2][2] 누적시킨다.


16   printf("%d", sum);
17   return 0;
18 }
```

	0	1	2
0	0	1	2
1	3	4	5
2	6	7	8

• 배열포인터 : 열을 지정할수 있는 포인터로 배열을 가리키는 포인터.

7 in=(int (*)[N])malloc(N*N*sizeof(int)); 와 같은 코드로 동적할당 하게되면 N개의 행으로 나누어 동적 할당 된다.
8 out=(int *)in; 에 의해 in과 out는 같은 곳을 가리키는 포인터가 되며, 10~11줄에 의해 0부터8까지의 값으로 차례대로 초기화.

0 1 2
3 4 5
6 7 8

	0	1	2
0	0	1	2
1	3	4	5
2	6	7	8

13~14 줄에서는 이러한 배열포인터 in 으로 배열을 접근하게 되는데, in[0][0], in[1][1], in[2][2]를 접근하면서 sum에 누적하면 12가 출력

2020. 6. 13. 제1회 지방직 / 제2회 서울특별시 시행

1 인터프리터(Interpreter) 방식의 언어로 옳지 않은 것은?

① JavaScript
② C
③ Basic
④ LISP

2 CPU 스케줄링 기법 중 라운드 로빈(Round Robin) 방식에 대한 설명으로 옳지 않은 것은?

① 선점 스케줄링 기법이다.
② 여러 프로세스에 일정한 시간을 할당한다.
③ 시간할당량이 작으면 문맥 교환수와 오버헤드가 증가한다.
④ FIFO(First-In-First-Out) 방식 대비 높은 처리량을 제공한다.

ANSWER 1.② 2.④

1 ② C : 컴파일러 언어의 종류로 모든 컴퓨터 시스템에서 사용할 수 있도록 설계된 프로그래밍 언어이다. 다양한 플랫폼에서 비교적 동일한 구현이 가능하며 시스템 프로그램 개발이 매우 적합하며 응용 프로그램 개발에도 많이 쓰인다.

※ 인터프리터 방식의 언어는 사람이 이해할 수 있는 고급언어로 작성된 코드를 한 단계씩 해석하여 실행시키는 방법이다.

① JavaScript : 정적인 HTML 문서와 달리 동적인 화면을 웹페이지에 구현하기 위해 사용하는 스크립트 언어이다.

③ Basic : 절차형 언어로 교육용으로 개발되어 문법이 쉬운 언어이다. 다양한 종류의 베이직이 존재하며 소스 코드는 서로 호환되지 않는다.

④ LISP : 인공지능 소프트웨어를 만들기 위하여 사용하는 프로그래밍 언어 중 하나로 기본 자료구조가 연결 리스트를 사용한다.

2 • 스케줄링 기법은 사용 중인 프로세스에서 자원을 빼앗을 수 있는지의 여부에 따라 선점 스케줄링 기법과 비선점 스케줄링 기법이 있다.

• 선점형 스케줄링 알고리즘에는 SRT, RR, MQ가 있다.

※ 라운드 로빈(Round Robin) … 프로세스들 사이에 우선순위를 두지 않고, 순서대로 시간 단위로 CPU를 할당하는 방식이다. 보통 시간 단위는 10ms~100ms 정도이고 시간 단위 동안 수행한 프로세스는 준비 큐의 끝으로 밀려나게 된다. 문맥 전환의 오버헤드가 큰 반면, 응답시간이 짧아지는 장점이 있어 실시간 시스템에 유리하고, 할당되는 시간이 클 경우 비선점 FIFO 기법과 같아지게 된다.

3 프로세서의 수를 늘려도 속도를 개선하는 데 한계가 있다는 주장으로서, 병렬처리 프로세서의 성능 향상의 한계를 지적한 법칙은?

① 무어의 법칙(Moore's Law)

② 암달의 법칙(Amdahl's Law)

③ 구스타프슨의 법칙(Gustafson's Law)

④ 폰노이만 아키텍처(von Neumann Architecture)

4 교착상태 발생의 조건에 대한 설명으로 옳지 않은 것은?

① 상호 배제 조건 : 최소나의 자원이 비공유 모드로 점유되며, 비공유 모드에서는 한 번에 한 프로세스만 해당 자원을 사용할 수 있다.

② 점유와 대기 조건 : 프로세스는 최소한 하나의 자원을 점유한 채, 현재 다른 프로세스에 의해 점유된 자원을 추가로 얻기 위해 반드시 대기해야 한다.

③ 비선점 조건 : 프로세스에 할당된 자원은 사용이 끝날 때까지 다른 프로세스가 강제로 빼앗을 수 없다.

④ 순환 대기 조건 : 대기 체인 내 프로세스들의 집합에서 이전 프로세스는 다음 프로세스가 점유한 자원을 대기하고, 마지막 프로세스는 자원을 대기하지 않아야 한다.

ANSWER 3.② 4.④

3 ② **암달의 법칙**(Amdahl's Law) : 병렬처리 프로그램에서 순차처리되는 명령문들이 프로세서의 수를 추가하더라도 실행 속도 향상을 제한하는 요소를 갖고 있다는 법칙으로 최적 비용 최적 시스템 구현 근거가 된다.

① **무어의 법칙**(Moore's Law) : Intel의 고든 무어가 제창한 법칙으로 "CPU칩의 가격은 매 18개월 마다 절반으로 떨어지고 성능은 18개월마다 2배로 증가한다"는 법칙이다.

③ **구스타프슨의 법칙**(Gustafson's Law) : 컴퓨터과학에서 대용량 데이터 처리는 효과적으로 병렬화할 수 있다는 법칙이다.

④ **폰노이만 아키텍처**(von Neumann Architecture) : 메모리에 명령어와 데이터를 함께 저장하며, 데이터는 메모리에서 읽기/쓰기가 가능하나, 명령어는 메모리에서 읽기만 가능하다.

4 교착상태란 다중 프로그래밍 환경에서 서로 다른 프로세스들이 상호 간에 점유하고 있는 자원 사용을 요청하였으나 요청한 자원을 영원히 사용할 수 없는 상황이다.

※ **교착상태 발생 필요조건**

㉠ **상호배제** : 한 번에 한 개의 프로세스만 공유자원 사용 가능

㉡ **점유 및 대기** : 자원을 가지고 있는 상태에서 다른 프로세스가 사용하고 있는 자원의 반납을 기다리는 것

㉢ **비선점** : 다른 프로세스에 할당된 자원을 사용종료 될 때까지 강제로 못 뺏음

㉣ **환형대기** : 공유자원과 공유자원을 사용하기 위해 대기하는 프로세스들이 원형으로 구성

5 **CPU(중앙처리장치)의 성능 향상을 위해 한 명령어 사이클 동안 여러 개의 명령어를 동시에 처리할 수 있도록 설계한 CPU구조는?**

① 슈퍼스칼라(Superscalar)

② 분기 예측(Branch Prediction)

③ VLIW(Very Long Instruction Word)

④ SIMD(Single Instruction Multiple Data)

6 **캐시기억장치 접근시간이 20ns, 주기억장치 접근시간이 150ns, 캐시기억장치 적중률이 80%인 경우에 평균 기억장치 접근시간은? (단, 기억장치는 캐시와 주기억장치로만 구성된다)**

① 32ns

② 46ns

③ 124ns

④ 170ns

ANSWER 5.① 6.②

5 ① **슈퍼스칼라**(Superscalar) : 한 프로세서 사이클 동안에 하나 이상의 명령어를 실행시킬 수 있는 프로세서 아키텍처를 가리키는 용어이다.

② **분기 예측**(Branch Prediction) : 명령이 분기하는지 여부를 미리 예측하였다가 분기하면 파이프라인에 유입된 명령을 변화시켜 처리 지연이 발생하지 않도록 하는 방지기술이다.

③ **VLIW**(Very Long Instruction Word) : 명령어의 실행개수를 늘리는 구조로 여러개의 명령어를 아주 긴 하나로 복합하여 병렬 고속 처리하는 방식이다.

④ **SIMD**(Single Instruction Multiple Data) : 병렬 프로세서의 한 종류로, 하나의 명령어로 여러개의 값을 동시에 계산하는 방식이다.

6 • 캐시기억장치는 중앙처리장치와 주기억장치 사이에 있는 메모리로 중앙처리장치의 동작과 동등한 속도로 접근할 수 있는 고속의 특수 소자로 구성되며, 자주 참조되는 주기억장치의 프로그램과 데이터를 먼저 이곳에 옮겨 놓은 후 처리되도록 함으로써 메모리 접근 시간을 감소시킨다.

• 적중률 : 주기억 장치에 기억된 내용은 프로세서 내부에서 정한 하나의 블록 단위로 캐시기억장치에 옮겨져서 한 명령씩 실행되고, 모두 처리가 끝나면 다시 주기억장치에서 다음 블록을 가져오게 한다. 프로세서가 처리할 명령이 캐시기억장치에 있는 경우를 적중이라 한다.

• 평균 기억장치 접근시간 = (캐시 접근시간 × 캐시 적중률) + (주기억장치 접근시간) × (1 − 캐시 적중률)

= (20ns × 0.8) + (150ns) × (1 − 0.8)

= (20ns × 0.8) + (150ns × 0.2) = 16 + 30 = 46ns

7 아날로그 컴퓨터에 대한 설명으로 옳지 않은 것은?

① 입력형식은 부호, 코드화된 숫자, 문자, 기호이다.
② 출력형식은 곡선, 그래프 등이다.
③ 미적분 연산방식을 가지며, 정보처리속도가 빠르다.
④ 증폭회로 등으로 회로 구성을 한다.

8 RAID(Redundant Array of Inexpensive Disks)에 대한 설명으로 옳지 않은 것은?

① RAID-0은 디스크 스트라이핑(Disk Striping) 방식으로 중복 저장과 오류 검출 및 교정이 없는 방식이다.
② RAID-1은 디스크 미러링(Disk Mirroring) 방식으로 높은 신뢰도를 갖는다.
③ RAID-4는 데이터를 비트(bit) 단위로 여러 디스크에 분할하여 저장하는 방식이며, 별도의 패리티(parity) 디스크를 사용한다.
④ RAID-5는 별도의 패리티 디스크 대신 모든 디스크에 패리티 정보를 나누어 기록하는 방식이다.

ANSWER 7.① 8.③

7 아날로그 컴퓨터는 온도, 전압, 무게와 같이 연속적으로 변화하는 데이터를 입력받아 필요한 연속정보를 산출하는 컴퓨터이다.
※ **입력형식** … 길이, 전류, 전압, 온도 등

8 ③ RAID-4 : RAID-3과 비슷한 형식으로서 2개 이상의 데이터 드라이브와 패리티 드라이브를 가지며 차이점은 데이터를 바이트 단위가 아닌 블록 단위로 분산 저장하므로 병목 현상을 줄이고 전송률이 향상된다.
※ RAID(Redundant Array of Inexpensive Disks)
- 여러 개의 하드디스크를 모아서 하나의 하드디스크처럼 사용할 수 있도록 하는 기술
- 하드디스크의 모음뿐만 아니라 자동으로 복제해 백업 정책을 구현해 주는 기술
- 미러링과 스트라이핑 기술을 결합하여 안정성과 속도를 향상시킨 디스크 연결 기술
- RAID-2 : 에러검출능력이 없는 드라이브를 위해 hamming 오류정정코드를 사용
- RAID-3 : 패리티 정보를 저장하고, 나머지 드라이브들 사이에 데이터를 바이트 단위로 분산

9 **다음 재귀 함수를 동일한 기능의 반복 함수로 바꿀 때, ㉠과 ㉡에 들어갈 내용을 바르게 연결한 것은?**

```
int func (int n) {                                    //재귀 함수
    if (n == 0)
            return 1;
    else
            return n * func (n - 1);
}
int iter_func (int n) {                               //반복 함수
    int f = 1;
    while (___㉠___)
      ___㉡___
    return f;
}
```

㉠	㉡
① n < 0	f = f * n--;
② n < 0	f = f * n++;
③ n > 0	f = f * n--;
④ n > 0	f = f * n++;

ANSWER 9.③

9 재귀(Recursion) 함수

- 작성한 코드로 함수를 다시 호출할 수 있도록 하는 함수를 재귀 함수라고 한다.
- 자신이 자신을 호출한다. 함수는 기본적으로 호출해서 한 번만 실행되지만 상황에 따라 여러 번 반복수행을 해야 한다.
- for문은 반복이 끝나면 리셋이 되어 함수가 호출이 되지 않아 반복적으로 수행할 수 없다.
- while은 조건이 만족하지 않으면 스스로 끝낼 수 있지만, 재귀 함수는 끝내는 조건을 체크하는 변수가 따로 있어야 한다.
- 반드시 종료시켜 줄 조건이 필요하며 그렇지 않으면 무한 반복된다.

※ 재귀 알고리즘의 성능 … 자기 자신을 호출하는 함수로 매개변수 n을 입력받아 1부터 n까지의 곱을 리턴하는 함수이다.
→ 재귀함수를 반복 함수으로 변환하여 계산하면 n은 n부터 1씩 감소하여 0이 될 때까지 반복하기 때문에 while문의 조건에는 n > 0이 될 수 있다.
반복 처리해야 하는 명령문은 변수 f에 곱셈의 결과를 누적시켜야 함으로 f=f*n; 명령이 적당하며 n의 값은 반복처리를 위해 1씩 감소를 해야 하기 때문에 f=f*n--;이 된다.

10 데이터의 종류 및 처리에 대한 설명으로 옳지 않은 것은?

① 크롤링(Crawling)을 통해 얻은 웹문서의 텍스트 데이터는 대표적인 정형 데이터(Structured Data)이다.
② XML로 작성된 IoT 센서 데이터는 반정형 데이터(Semi-structured Data)로 분류할 수 있다.
③ 반정형 데이터는 데이터 구조에 대한 메타 데이터(Meta-data)를 포함한다.
④ NoSQL과 Hadoop은 대규모 비정형 데이터(Unstructured Data) 처리에 적합하다.

11 페이지 부재율(Page Fault Ratio)과 스래싱(Trashing)에 대한 설명으로 옳은 것은?

① 페이지 부재율이 크면 스래싱이 적게 일어난다.
② 페이지 부재율과 스래싱은 전혀 관계가 없다.
③ 스래싱이 많이 발생하면 페이지 부재율이 감소한다.
④ 다중 프로그램의 정도가 높을수록 스래싱이 증가한다.

ANSWER 10.① 11.④

10 ㉠ **크롤링**(Crawling) : 웹 페이지를 그대로 가져와서 데이터를 추출해 내는 행위이며 크롤링하는 소프트웨어는 크롤러라고 부른다.
㉡ **정형 데이터** : 데이터베이스의 정해진 규칙에 맞게 들어간 데이터 중에 수치만으로 의미 파악이 쉬운 데이터
예 값의 의미 파악이 쉽고, 규칙적인 값으로 데이터가 들어갈 경우
㉢ **비정형 데이터** : 정해진 규칙이 없어서 값의 의미를 쉽게 파악하기 힘든 경우
예 텍스트, 음성, 영상과 같은 데이터가 비정형 데이터 범위에 속함
㉣ **반정형 데이터** : 반은 Semi를 말하며 완전한 정형이 아니라 약한 정형 데이터라는 의미이다.
예 HTML, XML과 같은 포맷

11 ④ 다중 프로그래밍 정도 높아짐에 따라 CPU 이용률 어느 특정 시점까지 높아지지만, 더욱 커지면 스래싱이 발생하고 CPU 이용률이 급격히 감소한다.
※ **스래싱**(Trashing) … 프로세스의 처리 시간보다 페이지 교체에 소요되는 시간이 더 많아지는 현상

12 전자상거래 관련 기술 중 고객의 요구에 맞춰 자재조달에서부터 생산, 판매, 유통에 이르기까지 공급사슬 전체의 기능통합과 최적화를 지향하는 정보시스템은?

① ERP(Enterprise Resource Planning)

② EDI(Electronic Data Interchange)

③ SCM(Supply Chain Management)

④ KMS(Knowledge Management System)

13 프로토콜과 이에 대응하는 TCP/IP 프로토콜 계층 사이의 연결이 옳지 않은 것은?

① HTTP – 응용 계층
② SMTP – 데이터링크 계층
③ IP – 네트워크 계층
④ UDP – 전송 계층

ANSWER 12.③ 13.②

12 ① ERP(Enterprise Resource Planning) : 기업 내 생산, 물류, 재무, 회계, 영업과 구매, 재고 등 경영 활동 프로세스들을 통합적으로 연계해 관리해 주며, 기업에서 발생하는 정보들을 서로 공유하고 새로운 정보의 생성과 빠른 의사결정을 도와주는 전사적 자원관리 시스템 또는 전사적 통합 시스템을 말한다.

② EDI(Electronic Data Interchange) : 기업 간에 데이터를 효율적으로 교환하기 위해 지정한 데이터와 문서의 표준화 시스템이다.

④ KMS(Knowledge Management System) : 중소벤처기업부 전문용어 지식관리시스템으로서 기업 내 조직 구성원들의 다양한 개인적 경험 중에서 다른 이들도 사용할 수 있는 즉, 일반화될 수 있는 경험들을 다른 이들이 활용할 수 있는 형태로 변환하여 공유할 수 있도록 지원하는 시스템이다.

13 TCP/IP는 인터넷에 연결된 서로 다른 기종의 컴퓨터들이 데이터를 주고받을 수 있도록 하는 표준 프로토콜이다.
→OSI 참조모델은 7계층으로 나누었지만 TCP/IP는 4계층으로 나뉜다.

<table>
<tr><th>OSI</th><th>TCP/IP</th></tr>
<tr><td>응용 프로그램 계층</td><td rowspan="3">응용 프로그램 계층
• 사용자 응용 프로그램으로부터 요청을 받아서 이를 적절한 메시지로 변환하고 하위 계층으로 전달
• HTTP, FRP, SMTP, DNS, RIP, SNMP</td></tr>
<tr><td>표현 계층</td></tr>
<tr><td>세션 계층</td></tr>
<tr><td>전송 계층</td><td>전송 계층
• IP에 의해 전달되는 패킷의 오류를 검사하고 재전송을 요구하는 등의 제어를 담당
• TCP, UCP</td></tr>
<tr><td>네트워크 계층</td><td>인터넷 계층
• 전송계층에서 받은 패킷을 목적지까지 효율적으로 전달하는 것만 고려
• IP, ARP, ICMP, IGMP</td></tr>
<tr><td>데이터 링크 계층</td><td rowspan="2">네트워크 인터페이스 계층
• 이더넷 카드 등으로 연결된 물리적인 네트워크를 의미
• Ethernet, Token Ring</td></tr>
<tr><td>물리 계층</td></tr>
</table>

14 관계 데이터베이스 스키마 STUDENT(SNO, NAME, AGE)에 대하여 다음과 같은 SQL 질의 문장을 사용한다고 할 때, 이 SQL 문장과 동일한 의미의 관계대수식은? (단, STUDENT 스키마에서 밑줄 친 속성은 기본키 속성을, 관계대수식에서 사용하는 관계대수 연산자 기호 π는 프로젝트 연산자를, σ는 셀렉트 연산자를 나타낸다)

〈SQL 질의문〉

```
SELECT SNO, NAME
FROM STUDENT
WHERE AGE > 20;
```

① $\sigma_{SNO,NAME}(\pi_{AGE > 20}(STUDENT))$

② $\pi_{SNO,NAME}(\sigma_{AGE > 20}(STUDENT))$

③ $\sigma_{AGE > 20}(\pi_{SNO,NAME}(STUDENT))$

④ $\pi_{AGE > 20}(\sigma_{SNO,NAME}(STUDENT))$

ANSWER 14.②

14 관계대수식

- 원하는 데이터를 얻기 위해 데이터를 어떻게 찾는지에 대한 처리 과정을 명시하는 절차적인 언어
- "STUDENT 테이블에서 AGE가 20을 초과한 튜플들의 속성 SNO와 NAME를 출력하라"

－$\pi_{SNO,NAME}(\sigma_{AGE > 20}(STUDENT))$: 젝트(π)는 한 릴레이션에서 선택한 속성의 값으로 결과 릴레이션을 구성하는 연산자이다. Project 연산을 수행하면 중복된 결과가 나올 수 있다. 중복을 제거하는 데 시간이 너무 오래걸리기 때문에 쿼리문에 특별하게 명시하지 않을 경우 중복을 허용해서 결과가 나온다. →수직적 부분집합 개념

－셀렉트(σ)는 릴레이션에서 조건을 만족하는 튜플만 선택하여 결과 릴레이션을 구성하는 연산자이다. 조건식을 포함하여서 원하는 튜플을 선택한다. 조건식에서는 비교 연산자(〉, ≥, =, ≠, <, ≤)와 논리연산자(and, or, not)를 이용한다. →수평적 부분집합 개념

15 **두 프로토콜 개체 사이에서 흐름제어와 오류제어 및 메시지 전달 등의 기능을 수행하며, 연결성과 비연결성의 두 가지 운용모드를 제공하는 OSI 참조 모델 계층은?**

① 데이터링크 계층(Datalink Layer)

② 네트워크 계층(Network Layer)

③ 전송 계층(Transport Layer)

④ 응용 계층(Application Layer)

16 **소프트웨어 개발 언어에 대한 설명으로 옳지 않은 것은?**

① C#은 마이크로소프트 닷넷 프레임워크를 지원하는 객체지향 언어이다.

② Python은 인터프리터 방식의 객체지향 언어로서 실행시점에 데이터 타입을 결정하는 동적 타이핑 기능을 갖는다.

③ Kotlin은 그래픽 요소를 강화한 게임 개발 전용 언어이다.

④ Java는 컴파일된 프로그램이 JVM상에서 인터프리터 방식으로 실행되는 플랫폼 독립적 프로그래밍 언어이다.

ANSWER 15.③ 16.③

15 OSI 참조 모델 계층

OSI 7계층	
응용 계층(7)	응용 프로세스 간의 정보교환 Telnet, FTP
표현 계층(6)	암호화, 압축, 문맥 관리 상이한 데이터 표현을 서로 가능케 하는 표준 인터페이스 제공
세션 계층(5)	세션의 연결과 조정 담당 동기화 기능 제공, 데이터 전송 방향 결정
전송 계층(4)	송수신 시스템 간의 신뢰성 제공, 연결된 두 장치 간의 신뢰성 있는 데이터 전송 오류검출, 코드를 추가하고 통신 흐름 제어 제공
네트워크 계층(3)	정보 교환과 중계, 패킷 전송의 최적의 경로를 찾아주는 라우팅 기능 제공, 라우터
데이터 링크 계층(2)	데이터전송을 위해 전송방식, 에러 검출 및 처리, 상황에 따른 데이터 흐름의 조절, 브리지, 스위치
물리 계층(1)	통신에 사용하는 물리적인 전송매체, 케이블, 허브, 리피터

16 Kotlin(기존 Android용 App은 JAVA가 주류를 이루었으나 Kotlin이 점차 대체)

- Jetbrains이라는 회사에서 개발된 Kotlin은 2017년 Google에서 Android용 개발 주요 언어로 채택하면서 점차 사용률이 증가하고 있다.
- Android Flatform API를 통해 Android Runtime 상위에서 동작하는 App을 개발하기 위한 언어로서 Android App을 개발하기 위한 Programming 언어 중 하나이다.

17 소프트웨어 시스템은 기능 관점, 동적 관점 및 정보 관점으로 분류할 수 있다. 동적 관점에서 시스템을 기술할 때 사용할 수 있는 도구로 옳지 않은 것은?

① 사건 추적도(Event Trace Diagram)

② 자료 흐름도(Data Flow Diagram)

③ 상태 변화도(State Transition Diagram)

④ 페트리넷(Petri Net)

ANSWER 17.②

17 객체지향 방법론의 작업항목

단계	작업항목	설명
객체지향분석	객체모델링	• 시스템 정적 구조 포착 • 추상화, 분류화, 일반화, 집단화 • 산출물 : 객체 다이어그램
	동적모델링	• 시간흐름에 따라 객체 사이의 변화 조사 • 산출물 : 상태 다이어그램(STD)
	기능모델링	• 입력에 대한 처리 결과 확인 • 유스케이스를 찾아 기능 파악 • 산출물 : 자료 흐름도, 유스케이스 다이어그램
객체지향설계	시스템설계	• 설계 목표 정의, 서브 시스템 파악 • 자료 저장소 설계, 시스템 구조 설계 • 산출물 : 패키지 다이어그램
	객체설계	• 구체적 자료구조와 알고리즘 구현 • 산출물 : 상세화된 클래스 다이어그램
객체지향구현	객체 지향 언어로 작성	• 객체 지향 언어(C++, Java) • 객체지향 DBMS로 구현

※ 페트리넷(Petri Net) … 시스템 모델링 방법 중 하나로 1962년 Petri라는 학자에 의해 만들어진 Petri Net을 예로 들 수 있다. 페트리넷의 구성요소는 시스템 내에서의 가능한 모든 "상태"와 한 상태에서 다른 상태를 이어주는 동작에 해당되는 "전이"가 있다.

18 **다음에서 설명하는 네트워크 데이터 오류 검출 방법은?**

> 송신측 : 첫 번째 비트가 1로 시작하는 임의의 n+1비트의 제수를 결정한다. 그리고 전송하고자 하는 데이터 끝에 n비트의 0을 추가한 후 제수로 모듈로-2 연산을 한다. 그러면 n비트의 나머지가 구해지는데 이 나머지가 중복 정보가 된다.
>
> 수신측 : 계산된 중복 정보를 데이터와 함께 전송하면 수신측에서는 전송받은 정보를 동일한 n+1제수로 모듈로-2 연산을 한다. 나머지가 0이면 오류가 없는 것으로 판단하고, 나머지가 0이 아니면 오류로 간주한다.

① 수직 중복 검사(Vertical Redundancy Check)

② 세로 중복 검사(Longitudinal Redundancy Check)

③ 순환 중복 검사(Cyclic Redundancy Check)

④ 체크섬(Checksum)

ANSWER 18.③

18 ③ **순환 중복 검사**(Cyclic Redundancy Check) : 일반적인 통신 시스템에서 수신되는 데이터의 오류를 검출하는 방법 중 가장 널리 사용되는 방법이다.

① **수직 중복 검사**(Vertical Redundancy Check) : 매체에 기록된 2진 코드의 검사 방식으로, 매체의 운동 방향에 대하여 수직 방향에 있어서, 비트의 패리티 검사 등을 행하는 것이다.

② **세로 중복 검사**(Longitudinal Redundancy Check) : 전송된 문자에 대해 배타적 논리합을 누적적으로 적용하여 그 결과에 근거를 둔 오류 검색 기업, 한 블록을 전송하는 동안에 송수신국 각각에서 LRC 문자가 형성된다.

④ **체크섬**(Checksum) : 데이터의 정확성을 검사하기 위한 용도로 사용되는 합계로 오류 검출 방식의 하나이다.

19 다음 이진검색트리에서 28을 삭제한 후, 28의 오른쪽 서브트리에 있는 가장 작은 원소로 28을 대치하여 만들어지는 이진검색트리에서 41의 왼쪽 자식 노드는?

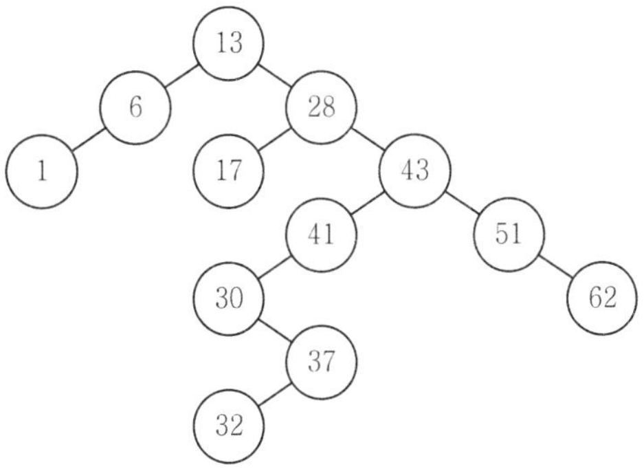

① 13
② 17
③ 32
④ 37

ANSWER 19.④

19 자식 노드가 1개인 노드를 삭제하는 경우
- 삭제 대상 노드가 부모 노드의 왼쪽 자식이면 부모의 왼쪽 포인터가 삭제 대상 노드의 자식을 가리키도록 한다.
- 삭제 대상 노드가 부모 노드의 오른쪽 자식이면 부모의 오른쪽 포인터가 삭제 대상 노드의 자식을 가리키도록 한다.

→28 노드에 30을 복사하여 28 노드 삭제
→하단의 30을 삭제하고 37을 41 노드의 왼쪽 노드로 붙인다. 때문에 41의 왼쪽 노드는 37이 된다.

※ 이진검색트리(binary search tree)
㉠ 어떤 노드 N을 기준으로 왼쪽 서브 트리 노드의 모든 키 값은 노드 N의 키 값보다 작아야 한다.
㉡ 오른쪽 서브 트리 노드의 키 값은 노드 N의 키 값보다 커야한다.
㉢ 같은 키 값을 갖는 노드는 없다.
→이진검색트리는 중위 순회를 하면 키 값의 오름차순으로 노드를 얻을 수 있다는 점과 구조가 단순하다는 점, 이진검색과 비슷한 방식으로 검색이 가능하다는 점, 노드의 삽입이 쉽다는 점 등의 특징이 있어 폭넓게 사용된다.

※ 특징
㉠ 트리의 모양은 상관없으며 이진트리여야 한다.
㉡ 부모 노드의 값을 중심으로 왼쪽 자식 트리의 값은 작고, 오른쪽 자식 트리의 값은 커야 한다.
㉢ 중복된 노드는 없어야 한다.
㉣ 이진탐색트리는 중위 순회를 통해 순회를 진행한다.
(이진검색트리 내에 있는 모든 값들을 정렬된 순서대로 읽을 수 있다.)

20 다음은 리눅스 환경에서 fork() 시스템 호출을 이용하여 자식 프로세스를 생성하는 C 프로그램이다. 출력 결과로 옳은 것은? (단, "pid = fork();" 문장의 수행 결과 자식 프로세스의 생성을 성공하였다고 가정한다)

```
#include<stdio.h>
#include<stdlib.h>
#include<unistd.h>
#include<sys/types.h>
#include<errno.h>
#include<sys/wait.h>

int main(void) {
    int i=0, v=1, n=5;
    pid_t pid;

    pid = fork();

    if( pid < 0 ) {
        for(i=0; i<n; i++) v+=(i+1);
        printf("c = %d ", v);
    } else if( pid == 0 ) {
        for(i=0; i<n; i++) v*=(i+1);
        printf("b = %d ", v);
    } else {
        wait(NULL);
        for(i=0; i<n; i++) v+=1;
        printf("a = %d ", v);
    }
    return 0;
}
```

① b = 120, a = 6

② c = 16, b = 120

③ b = 120, c = 16

④ a = 6, c = 16

ANSWER 20.①

20 원래 프로세스는 부모 프로세스라고 하며, 새로 생성된 사본은 자식 프로세스라고 부른다. 프로세스는 누가 부모이고 누가 자식인지 알 수 있는 방법이 필요하여 자식 프로세스에는 0을, 부모 프로세스에는 0이 아닌 값을 반환하게 되므로 다음과 같은 결과가 출력된다.

- 부모 프로세스의 pid에는 자식프로세스의 프로세스 ID를 갖게 되어 if문의 else 구문을 실행 하게 되어 a=6이 출력이 된다.
- 자식 프로세스는 또 다른 자식을 생성하지 않은 상태이기 때문에 프로세스 ID는 0이 된다.
  if문의 else if 구문을 수행하게 되어 b=120이 출력된다.

※ fork() … 현재 실행되고 있는 프로세스를 복사해 주는 함수로 원래의 프로세스에서 fork() 연산을 하게 되면 생성된 자식 프로세스의 ID를 리턴하게 되는데, 이때 리턴되는 값은 항상 1보다 큰 값을 갖는다.

※ pid() … Process IDentifier의 약자로, 운영 체제에서 프로세스를 식별하기 위해 할당하는 고유한 번호이다. 이 PID는 'fork'라는 시스템 호출에 의해 반환된다.

컴퓨터일반 2020. 7. 11. 인사혁신처 시행

1 아날로그 신호를 디지털 신호로 변조하기 위한 펄스부호변조(PCM) 과정으로 옳지 않은 것은?

① 분절화(Segmentation) ② 표본화(Sampling)
③ 부호화(Encoding) ④ 양자화(Quantization)

2 DBMS를 사용하는 이점으로 옳지 않은 것은?

① 데이터를 프로그램과 분리함으로써 데이터 독립성이 향상된다.
② 데이터의 공유와 동시 접근이 가능하다.
③ 데이터의 중복을 허용하여 데이터의 일관성을 유지한다.
④ 데이터의 무결성과 보안성을 유지한다.

ANSWER 1.① 2.③

1 펄스부호변조(PCM/Pulse Code Modulation) 또는 펄스코드변조
음성, 비디오, 가상 현실 등과 같이 연속적인 시간과 진폭을 가진 아날로그 데이터를 디지털 신호로 변환하는 것
※ PCM 방식의 3단계
- 표본화(Sampling) : 시간 축의 디지털화
- 양자화(Quantization) : 진폭값의 디지털화
- 부호화(Encoding) : 표본화와 양자화된 정보를 0과 1의 이진수로 표현하는 과정

2 DBMS는 사용자와 데이터베이스 사이에서 사용자의 요구에 따라 정보를 생성해 주고, 데이터베이스를 관리해주는 소프트웨어이다.

DBMS의 장점	DBMS의 단점
• 논리적, 물리적 독립성 보장 • 중복 제거 및 기억 공간 절약 • 저장된 자료를 공동으로 사용 • 데이터의 일관성, 무결성 유지 • 보안 유지 • 데이터 표준화 가능 • 데이터 통합 관리 • 항상 최신의 데이터를 유지 • 데이터의 실시간 처리가 가능	• 데이터베이스 전문가 부족 • 전산화 비용 증가 • 대용량 디스크로의 집중적인 액세스로 오버헤드 발생 • 파일의 백업 및 복원 어려움 • 시스템 복잡

3 CPU 내의 레지스터에 대한 설명으로 옳지 않은 것은?

① Accumulator(AC) : 연산 과정의 데이터를 일시적으로 저장하는 레지스터
② Program Counter(PC) : 다음에 인출될 명령어의 주소를 보관하는 레지스터
③ Memory Address Register(MAR) : 가장 최근에 인출한 명령어를 보관하는 레지스터
④ Memory Buffer Register(MBR) : 기억장치에 저장될 데이터 혹은 기억장치로부터 읽힌 데이터가 일시적으로 저장되는 버퍼 레지스터

4 소프트웨어 개발 프로세스 중 원형(Prototyping) 모델의 단계별 진행 과정을 올바르게 나열한 것은?

① 요구 사항 분석 → 시제품 설계 → 고객의 시제품 평가 → 시제품 개발 → 시제품 정제 → 완제품 생산
② 요구 사항 분석 → 시제품 설계 → 시제품 개발 → 고객의 시제품 평가 → 시제품 정제 → 완제품 생산
③ 요구 사항 분석 → 고객의 시제품 평가 → 시제품 개발 → 시제품 설계 → 시제품 정제 → 완제품 생산
④ 요구 사항 분석 → 시제품 개발 → 시제품 설계 → 고객의 시제품 평가 → 시제품 정제 → 완제품 생산

ANSWER 3.③ 4.②

3 CPU 레지스터 종류와 특징
- Memory Address Register(MAR) : 주기억장치에 접근할 메모리의 주소를 임시저장
- IR(Instruction Register) : 가장 최근에 인출한 명령어를 보관하는 레지스터(= 현재 실행 중인 명령어를 저장하는 레지스터)

4 **원형**(Prototyping) **모델** … 폭포수 모델의 단점을 보완하기 위한 모델로 점진적으로 시스템을 개발해 나가는 모델
※ **원형**(Prototyping) **모델의 단계별 진행 과정**
㉠ **요구사항분석**(정의) : 교객의 초기 요구사항(일부 요구사항 또는 불완전한 요구사항)으로 제품의 윤곽을 잡음
㉡ **원형 설계** : 빠른 설계
㉢ **원형 개발** : 빠른 구현
㉣ **고객 평가** : 고객이 원하는 시스템인지 평가
㉤ **원형 정제** : 원형이 어떻게 수정되어야 할지 결정
㉥ **완제품 생산** : 고객이 만족할 때까지 2~5단계를 반복

5 **네트워크 토폴로지에 대한 설명으로 옳지 않은 것은?**

① 버스(bus)형 토폴로지는 설치가 간단하고 비용이 저렴하다.
② 링(ring)형 토폴로지는 통신 회선에 컴퓨터를 추가하거나 삭제하는 등 네트워크 재구성이 용이하다.
③ 트리(tree)형 토폴로지는 허브(hub)에 문제가 발생해도 전체 네트워크에 영향을 주지 않는다.
④ 성(star)형 토폴로지는 중앙집중적인 구조이므로 고장 발견과 유지보수가 쉽다.

6 **RAID(Redundant Array of Independent Disks) 레벨에 대한 설명으로 옳지 않은 것은?**

① RAID 1 구조는 데이터를 두 개 이상의 디스크에 패리티 없이 중복 저장한다.
② RAID 2 구조는 데이터를 각 디스크에 비트 단위로 분산 저장하고 여러 개의 해밍코드 검사디스크를 사용한다.
③ RAID 4 구조는 각 디스크에 데이터를 블록 단위로 분산 저장하고 하나의 패리티 검사디스크를 사용한다.
④ RAID 5 구조는 각 디스크에 데이터와 함께 이중 분산 패리티 정보를 블록 단위로 분산 저장한다.

ANSWER 5.③ 6.④

5 트리(tree)형 토폴로지
- 성형의 변형으로 중앙 전송 제어 장치에 모든 노드가 연결되는 것이 아니라, 트리 모양으로 전송제어 장치를 두는 형태
- 계층적 네트워크에 적합하고 성형이 가지는 단점인 중앙 전송제어장치 장애에 대한 문제가 동일하게 발생한다.

6 RAID(Redundant Array of Inexpensive Disks) … 여러 개의 디스크를 배열하여 속도, 안정성, 효율성, 가용성 증대를 하는 데 쓰이는 기술
- RAID-0은 디스크 스트라이핑(Disk Striping) 방식으로 중복 저장과 오류 검출 및 교정이 없는 방식이다.
- RAID-1은 디스크 미러링(Disk Mirroring) 방식으로 높은 신뢰도를 갖는다.
- RAID-2는 데이터를 비트(bit) 단위로 디스크를 스트라이프 방식으로 구성 후 ECC를 기록하는 전용의 디스크를 추가한다.
- RAID-3은 데이터를 바이트(byte) 단위로 디스크를 스트라이프 방식으로 구성 후 패리티 정보를 기록하는 전용의 디스크를 추가한다.
- RAID-4는 데이터를 워드(word) 단위, RAID-3의 개선형으로 블록형태의 스트라이프 기술을 사용한다.
- RAID-5는 패리티가 있는 스트라이프 방식으로 구성하여 패리티는 디스크 오류 발생 시 XOR연산으로 데이터를 유추한다.
- RAID-6는 RAID-5처럼 구성되는 패리티 정보를 2번 입력하여 구성되며 디스크 2개가 고장 나도 복구가 가능하다

7 **다중 스레드(Multi Thread) 프로그래밍의 이점에 대한 설명으로 옳지 않은 것은?**

① 다중 스레드는 사용자의 응답성을 증가시킨다.

② 스레드는 그들이 속한 프로세스의 자원들과 메모리를 공유한다.

③ 프로세스를 생성하는 것보다 스레드를 생성하여 문맥을 교환하면 오버헤드가 줄어든다.

④ 다중 스레드는 한 스레드에 문제가 생기더라도 전체 프로세스에 영향을 미치지 않는다.

8 **OSI(Open Systems Interconnect) 모델에 대한 설명으로 옳지 않은 것은?**

① 네트워크 계층은 데이터 전송에 관한 서비스를 제공하는 계층으로 송신 측과 수신 측 사이의 실제적인 연결 설정 및 유지, 오류 복구와 흐름 제어 등을 수행한다.

② 데이터링크 계층은 네트워크 계층에서 받은 데이터를 프레임(frame)이라는 논리적인 단위로 구성하고 전송에 필요한 정보를 덧붙여 물리 계층으로 전달한다.

③ 세션 계층은 전송하는 두 종단 프로세스 간의 접속(session)을 설정하고, 유지하고 종료하는 역할을 한다.

④ 표현 계층은 전송하는 데이터의 표현 방식을 관리하고 암호화하거나 데이터를 압축하는 역할을 한다.

ANSWER 7.④ 8.①

7 스레드는 프로그램 내의 독립적으로 실행되는 작은 실행 단위를 말하며, 하나의 프로그램 내에서 동시에 여러 작업을 처리하여 메모리 공유와 효율적인 프로그래밍을 가능하게 한다.

※ **다중 스레드**(Responsivness)의 **이점**

- 응답성(Responsivness) : 응용 프로그램의 일부분이 봉쇄 되거나 긴 작업을 수행하는 경우에도 프로그램의 수행이 계속 되는 것을 허용, 사용자에 대한 응답성을 증가
- 자원 공유(Resource Sharing) : 스레드는 자동적으로 그들이 속한 프로세스의 자원들과 메모리를 공유

※ **코드와 자료 공유의 장점** … 한 응용 프로그램이 같은 주소 공간 내에 여러 개의 다른 작업을 하는 스레드를 가질 수 있다.

- 경제성(Economy) : 프로세스 생성을 위해 메모리와 자원을 할당하는 것은 비용이 많이 들며 스레드는 자신이 속한 프로세스의 자원들을 공유하기 때문에 스레드를 생성하고 문맥 교환하는 것 보다 더 경제적이다.
- 다중 처리기구조의 활용(Utilization of multiprocessor architectures)

−다중 스레드의 장점은 다중 처리기 구조에서 더욱 증가되며 각각의 스레드가 다른 처리기에서 병렬로 수행

−단일 스레드는 CPU가 많다고 하더라도 단지 한 CPU에서만 실행되며 다중 CPU에서 다중 스레딩을 하면 병렬성이 증가

8 OSI(Open Systems Interconnect) **모델** … 국제표준화기구(ISO)에서 만든 것으로, 컴퓨터 사이의 통신 단계를 7개의 계층으로 분류

- 물리 계층 : 인접 장비와 연결을 위한 물리적 사양(100Base−TX, V.35)
- 데이터 링크 계층 : 인접장비와 연결을 위한 논리적 사양(이더넷, PPP, ARP)
- 네트워크 계층 : 종단 장비 사이의 데이터 전달(IP, ICMP)
- 전송 계층 : 종단 프로그램 사이의 데이터 전달(TCP, UDP)
- 세션 계층 : 세션의 시작 및 종료 제어(TCP session setup)
- 표현 계층 : 데이터의 표현 및 암호화 방식(ASCII, MPEG, SSL)
- 응용 계층 : 응용 프로그램과 통신 프로그램 사이 인터페이스 제공(HTTP, FTP)

9 **캐시기억장치 교체 알고리즘에 대한 설명으로 옳지 않은 것은?**

① LRU는 최근에 가장 오랫동안 사용되지 않았던 블록을 교체하는 방법이다.

② FIFO는 캐시에 적재된 지 가장 오래된 블록을 먼저 교체하는 방법이다.

③ LFU는 캐시 블록마다 참조 횟수를 기록함으로써 가장 많이 참조된 블록을 교체하는 방법이다.

④ Random은 사용 횟수와 무관하게 임의로 블록을 교체하는 방법이다.

10 **8진수 123.321을 16진수로 변환한 것은?**

① 53.35　　② 53.321

③ 53.681　　④ 53.688

ANSWER 9.③ 10.④

9 LFU … 가장 참조된 횟수가 적은 페이지를 빼는 방법으로 참조된 횟수가 같은 경우 LRU 방법을 사용한다. LRU가 갖는 오버헤드를 줄이면서 LRU에서의 프로그램의 지역성을 이용하며, 최근에 사용된 페이지를 교체할 가능성이 있고 해당 횟수를 증가시키므로 오버헤드가 발생한다.

10 8진수 123.321을 2진수로 변경하면 001 010 011.011 010 001이 되고 다시 16진수로 변환하면 53.688이 된다.

8진수	1	2	3	.	3	2	1
	421	421	421		421	421	421
2진수	001	010	011	.	011	010	001

2진수	001	01/0	011	.	011	0/10	00/1
	184	21/8	421		842	1/84	21/8
16진수		5	3	.	6	8	8

11 암호화 기술에 대한 설명으로 옳은 것은?

① 공개키 암호화는 암호화하거나 복호화하는 데 동일한 키를 사용한다.
② 공개키 암호화는 비공개키 암호화에 비해 암호화 알고리즘이 복잡하여 처리속도가 느리다.
③ 공개키 암호화의 대표적인 알고리즘에는 데이터 암호화 표준(Data Encryption Standard)이 있다.
④ 비밀키 암호화는 암호화와 복호화 과정에서 서로 다른 키를 사용하는 비대칭 암호화(asymmetric encryption)다.

12 CPU를 다른 프로세스로 교환하려면 이전 프로세스의 상태를 보관하고 새로운 프로세스의 보관된 상태로 복구하는 작업이 필요하다. 이 작업으로 옳은 것은?

① 세마포어(Semaphore)
② 모니터(Monitor)
③ 상호배제(Mutual Exclusion)
④ 문맥교환(Context Switching)

13 응용프로그램 제작에 필요한 개발환경, SDK 등 플랫폼 자체를 서비스 형태로 제공하는 클라우드 컴퓨팅 서비스 모델은?

① DNS　② PaaS
③ SaaS　④ IaaS

ANSWER 11.② 12.④ 13.②

11 ㉠ 개인키(Private) : DES(암호화키=복호화키) : 동일한 키를 이용하는 방식으로 보안수준이 낮으며 알고리즘이 단순하고 빠르다는 장점을 가지고 있다.
㉡ 공개키(Public) : 서로 다른 키를 사용하는 비대칭 암호화 방식으로 보안 수준이 높지만 속도가 느리고 알고리즘이 복잡하고 파일 크기가 크다.

12 ① 세마포어(Semaphore) : 에츠허르 데이크스트라가 고안한 두 개의 원자적 함수로 조작되는 정수 변수로서, 멀티프로그래밍 환경에서 공유자원에 대한 접근을 제한하는 방법으로 사용된다.
③ 상호배제(Mutual Exclusion) : 동시프로그래밍에서 공유 불가능한 자원의 동시 사용을 피하기 위해 사용되는 알고리즘으로 임계구역으로 불리는 코드 영역에 의해 구현된다.

13 ① DNS : 네트워크에서 도메인이나 호스트 이름을 숫자로 된 IP 주소로 해석해 주는 tcp/ip 네트워크 서비스
③ SaaS : 클라우드는 하드웨어나 소프트웨어 등 각종 IT 자원을 소유하지 않고 인터넷에 접속해서 빌려 쓰는 서비스 방식
④ IaaS : 서버와 스토리지, 네트워크 장비 등의 IT 인프라 장비를 대여해 주는 방식

14 다음 프로그램의 실행 결과로 옳은 것은?

```
#include <stdio.h>
int main(void)
{
    int array[] = {100, 200, 300, 400, 500};
    int *ptr;
    ptr = array;
    printf("%d₩\n", *(ptr+3) + 100);
}
```

① 200

② 300

③ 400

④ 500

ANSWER 14.④

14 배열(array) … 같은 자료형을 갖는 여러 원소를 하나의 변수 이름으로 모아 놓은 데이터의 집합

- 장점 : 표현이 간단하고, 인덱스를 이용하여 빠른 임의 접근이 가능
- 단점 : 원소들이 순차적으로 저장되기 때문에 데이터의 삽입과 삭제가 발생하는 경우 시간적인 오버헤드가 발생

※ 배열의 크기가 대부분 정적으로 결정되기 때문에 삽입과 삭제가 동적으로 발생하는 상황에서 적절한 배열의 크기를 미리 결정하는 것이 어렵다.(오버플로나 저장공간의 낭비를 초래)

- "ptr = array;"

  포인터 ptr에 배열명을 사용하여 배열의 시작주소를 저장
- "printf("%d₩\n", *(ptr+3)"

  printf()함수에서 ptr의 주소를 3 증가시키게 되면 array[3]의 주소를 갖게 됨.
- "+ 100);"

  값에 100을 더해 준다.

  →500 출력

15 다음 프로그램은 연결 리스트를 만들기 위한 코드의 일부분이다.

```
struct node {
  int number;
  struct node *link;
};
struct node first;
struct node second;
struct node tmp;
```

아래 그림과 같이 두 개의 노드 first, second가 연결되었다고 가정하고, 위의 코드를 참조하여 노드 tmp를 노드 first와 노드 second 사이에 삽입하고자 할 때, 프로그램 코드로 옳은 것은?

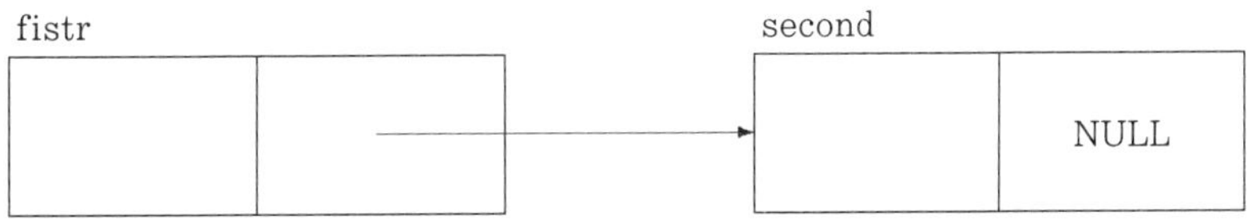

① tmp.link = &first;
first.link = &tmp;

② tmp.link = first.link;
first.link = &tmp;

③ tmp.link = &second;
first.link = second.link;

④ tmp.link = NULL;
second.link = &tmp;

ANSWER 15.②

15 연결 리스트 … 데이터의 논리적 순서와 물리적 순서를 반드시 일치시킬 필요 없이 물리적으로는 데이터를 기억장치의 어느 곳에 저장해도 된다.

※ 노드 … 기억장치의 임의 위치에 저장된 데이터 간의 논리적인 순서를 유지하기 위해 하나의 데이터를 저장할 때 논리적으로 다음 데이터가 어디에 저장되어 있는 지를 함께 나타내야 한다.

㉠ 장점 : 몇 개의 링크 필드만 조정하는 작업을 통해 삽입과 삭제를 간단히 수행하며 기억장치의 할당과 반환을 통해 동적으로 관리

㉡ 단점 : 특정 데이터에 접근하려면 첫 번째 데이터를 가진 노드부터 시작하여 원하는 데이터가 있는 노드까지 모든 노드를 차례로 방문해야 한다.

※ 풀이 : 노드 tmp를 노드 first와 노드 second 사이에 삽입하고자 하므로 연결 리스트에서 삽입할 위치를 가리키고 있는 링크를 삽입하는 노드를 가리키게 하고, 삽입하는 노드의 링크는 나를 가리키는 링크가 이전에 가리키던 노드를 가리키게 하는 방법이다.

- tmp.link = first.link;
  first.link = &tmp;
  → first 노드에 저장된 link는 tmp의 link에 저장
  tmp 노드의 주소는 first 노드의 link에 저장

16 다음 C 프로그램의 결과로 옳은 것은?

```
#include <stdio.h>
int main()
{
    int a, b;
    a = b = 1;

    if (a = 2)
        b = a + 1;
    else if (a == 1)
        b = b + 1;
    else
        b = 10;

printf("%d, %d\n", a, b);
}
```

① 2, 3　　② 2, 2

③ 1, 2　　④ 2, 10

ANSWER 16.①

16 if~else문 … 조건식이 만족하면 문장 1 수행, 만족하지 않으면 else 문장 2를 수행

※ 형식

- if(조건식) : 조건식이 true이면 수행할 문장 1;
- else : 조건식이 false이면 수행할 문장 2;

※ 풀이

- int a, b;
  a = b = 1;
  a와 b의 변수를 생성하고 모두 1을 배정
- if (a = 2)
  if문에서는 조건에서 (a=2)를 사용함으로 a에는 2가 할당되고 조건은 참
- b = a + 1;
  b = a + 1을 수행하여 b는 3이 된다.
- printf("%d, %d\n", a, b);
  이후 else if()와 else는 수행되지 않고 a와 b를 출력하면 2와 3이 출력

17 다음 이진 트리에 대하여 후위 순회를 하는 경우 다섯 번째 방문하는 노드는?

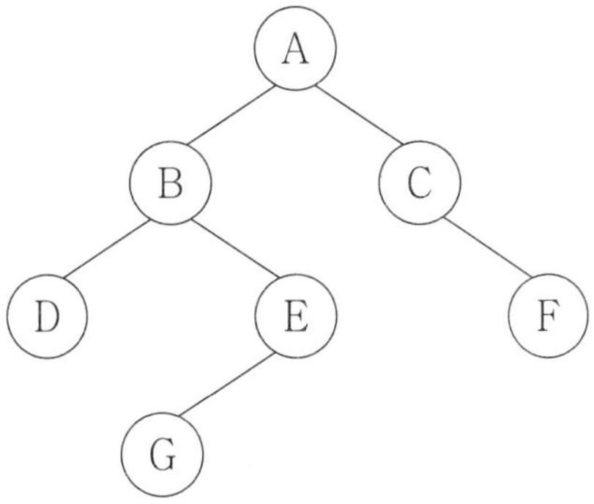

① A

② C

③ D

④ F

18 프로세스 스케줄링에 대한 설명으로 옳지 않은 것은?

① FCFS(First Come First Served) 스케줄링은 비선점 방식으로 대화식 시스템에 적합하다.

② SJF(Shortest Job First) 스케줄링은 실행 시간이 가장 짧은 작업(프로세스)을 신속하게 실행하므로 평균 대기시간이 FCFS 스케줄링보다 짧다.

③ Round-Robin 스케줄링은 우선순위가 적용되지 않은 단순한 선점형 방식이다.

④ 다단계 큐(Multilevel Queue) 스케줄링은 우선순위에 따라 준비 큐를 여러 개 사용하는 방식이다.

ANSWER 17.④ 18.①

17 **이진트리** … 한 노드가 최대로 2개의 자식 노드를 갖는 트리로 자식 노드는 왼쪽 노드와 오른쪽 노드로 구분

※ 후위순회의 진행방향은 "왼쪽→오른쪽→가운데" 순서로 D-G-E-B-F-C-A의 순서로 방문하기 때문에 다섯 번째 방문하는 노드는 F가 된다.

18 **FCFS(First Come First Service) 스케줄링** … 비선점 방법으로 스케줄링 알고리즘 중 가장 간단한 기법으로 프로세스는 준비 큐에서 도착순서에 따라 디스패치되며, 일단 한 프로세스가 CPU를 차지하면 그 프로세스의 수행이 완료된 후에 그 다음 프로세스가 CPU를 차지하고 수행된다.

19 TCP/IP 프로토콜 스택에 대한 설명으로 옳은 것은?

① 데이터링크(datalink) 계층, 전송(transport) 계층, 세션(session) 계층 및 응용(application) 계층으로 구성된다.

② ICMP는 데이터링크 계층에서 사용 가능한 프로토콜이다.

③ UDP는 전송 계층에서 사용되는 비연결형 프로토콜이다.

④ 응용 계층은 데이터가 목적지까지 찾아갈 경로를 설정하기 위해 라우팅(routing) 프로토콜을 운영한다.

ANSWER 19.③

19 프로토콜 스택 … 인터넷 기반의 효율적인 데이터 송수신을 목적으로 설계

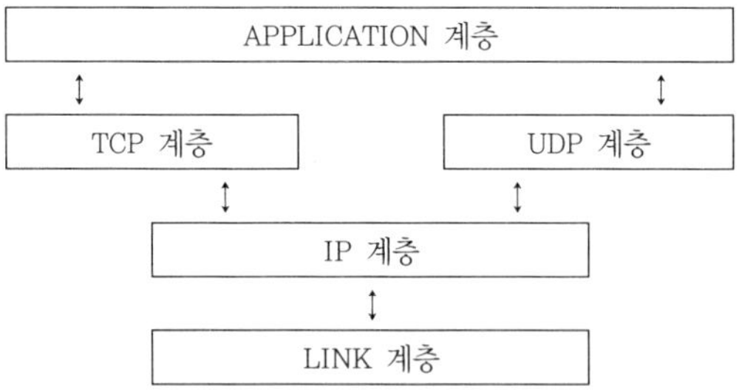

- LINK 계층 : 네트워크 표준과 관련된 프로토콜을 정의하는 영역(LAN, WAN, MAN)
- IP 계층 : 데이터를 보내기 위해 필요로 하는 방법
- TCP/UDP 계층 : IP 계층에서 선택해 준 경로로 데이터를 전송하는 역할
  - TCP : 신뢰성 있는 데이터 전송 프로토콜
  - UDP : 신뢰성 없는 데이터 전송 프로토콜
- APPLICATION 계층 : 소켓을 이용한 프로그램의 구현
- ICMP : 호스트 서버와 인터넷 게이트웨이에서 메세지를 제한하고 오류를 알려주는 프로토콜

20 다음 테이블 인스턴스(Instance)들에 대하여 오류 없이 동작하는 SQL(Structured Query Language) 문장은?

STUDENT

칼럼 이름	데이터 타입	키 타입	설명
studno	숫자	기본키	학번
name	문자열		이름
grade	숫자		학년
height	숫자		키
deptno	숫자		학과 번호

PROFESSOR

칼럼 이름	데이터 타입	키 타입	설명
profno	숫자	기본키	번호
name	문자열		이름
position	문자열		직급
salary	숫자		급여
deptno	숫자		학과 번호

① SELECT deptno, position, AVG(salary)
FROM PROFESSOR
GROUP BY deptno;

② (SELECT studno, name
FROM STUDENT
WHERE deptno = 101)
UNION
(SELECT profno, name
FROM PROFESSOR
WHERE deptno = 101);

③ SELECT grade, COUNT(*), AVG(height)
FROM STUDENT
WHERE COUNT(*) > 2
GROUP BY grade;

④ SELECT name, grade, height
FROM STUDENT
WHERE height > (SELECT height, grade
FROM STUDENT
WHERE name = '홍길동');

ANSWER 20.②

20 테이블 인스턴스(Instance)
- 데이터베이스 설계 시에 테이블의 구조와 칼럼의 특성을 알기 쉽게 요약한 내용
- 테이블의 칼럼 이름, 데이터 타입, 키종류, NULL이나 중복 값의 허용 여부, 외래 키 그리고 칼럼에 대한 설명으로 구성

㉠ GROUP BY : 특정 칼럼을 기준으로 같은 값을 가지는 행들을 그룹별로 모아 자료를 가져 오는 것이다.
㉡ having 절 : group by로 생성된 그룹에 대하여 임의 조건을 명시하는데 사용하며 집계 함수 사용이 가능하다. having 에서 다루는 속성은 group by한 속성이여야 한다.

컴퓨터일반　2021. 4. 17. 인사혁신처 시행

1 **컴퓨팅 사고(Computational Thinking)에서 주어진 문제의 중요한 특징만으로 문제를 간결하게 재정의함으로써 문제 해결을 쉽게 하는 과정은?**

① 분해　② 알고리즘
③ 추상화　④ 패턴 인식

2 **소프트웨어에 대한 설명으로 옳지 않은 것은?**

① 하드웨어에 대응하는 개념으로 우리가 원하는 대로 컴퓨터를 작동하게 만드는 논리적인 바탕을 제공한다.
② 운영체제 등 컴퓨터 시스템을 가동시키는 데 사용되는 소프트웨어를 시스템 소프트웨어라 한다.
③ 문서 작성이나 게임 등 특정 분야의 업무를 처리하는 데 사용되는 소프트웨어를 응용 소프트웨어라 한다.
④ 고급 언어로 작성된 프로그램을 한꺼번에 번역한 후 실행하는 것이 인터프리터 방식이다.

ANSWER 1.③　2.④

1 컴퓨팅 사고(Computational Thinking) … 컴퓨터로 처리할 수 있는 형태로 문제와 해결책을 표현하는 사고과정

※ 컴퓨팅 사고 4가지
- ㉠ 분해 : 복잡한 문제를 컴퓨터가 효과적으로 처리할 수 있는 단위
- ㉡ 패턴파악 : 문제 간 유사성을 찾음
- ㉢ 추상화 : 문제의 핵심만 추려 복잡한 문제를 단순화
- ㉣ 알고리즘 설계 : 일련의 규칙과 절차에 따라 문제를 해결

2 소프트웨어 … 컴퓨터 프로그램과 그와 관련된 문서들을 총칭하는 용어로 기계장치부를 말하는 하드웨어에 대응하는 개념으로 시스템소프트웨어와 응용소프트웨어로 나뉜다.
- ㉠ 시스템소프트웨어 : 어느 문제에나 공통적으로 필요한 프로그램들로서 운영체제, 컴파일러, 입출력 제어프로그램 등이 해당됨
- ㉡ 응용소프트웨어 : 시스템소프트웨어를 사용하여 실제 사회에서 일어나는 문제들을 풀어주는 프로그램들이며 사무자동화, 수치연산, 게임 등 다양하다.

컴파일러	인터프리터
전체 프로그램을 스캔해서 기계어로 한 번에 번역	각각의 명령어를 한 번에 한 개씩 번역하고 처리

3 4GHz의 클록 속도를 갖는 CPU에서 CPI(Cycle per Instruction)가 4.0이고 총 10^{10}개의 명령어로 구성된 프로그램을 수행하려고 할 때, 이 프로그램의 실행 완료를 위해 필요한 시간은?

① 1초

② 10초

③ 100초

④ 1,000초

4 −35를 2의 보수(2's Complement)로 변환하면?

① 11011100

② 11011101

③ 11101100

④ 11101101

ANSWER 3.② 4.②

3 4GHz → CPU가 1초에 10^9번 0과 1을 반복한다.

CPI(Cycle per Instruction) : 명령어 하나 당 발생한 사이클 수

$$\frac{40,000,000,000}{4,000,000,000}=10$$

4 −35 : 10100011

1의보수 : 11011100

2의보수 : 11011101

5 OSI 7계층에서 계층별로 사용하는 프로토콜의 데이터 단위는 다음 표와 같다. ㉠~㉢에 들어갈 내용을 바르게 연결한 것은?

계층	데이터 단위
트랜스포트(Transport) 계층	(㉠)
네트워크(Network) 계층	(㉡)
데이터링크(Datalink) 계층	(㉢)
물리(Physical) 계층	비트

	㉠	㉡	㉢
①	세그먼트	프레임	패킷
②	패킷	세그먼트	프레임
③	세그먼트	패킷	프레임
④	패킷	프레임	세그먼트

ANSWER 5.③

5 프로토콜 데이터 단위

OSI 7 계층	TCP/IP 4 계층	데이터 단위
응용 계층	응용 계층	message
프리젠테이션 계층		
세션 계층		
트랜스포트 계층	트랜스포트 계층	segment
네트워크 계층	인터넷 계층	packet
데이터링크 계층	네트워크 접속 계층	frame
물리 계층		bit stream

6 **300개의 노드로 이진 트리를 생성하고자 할 때, 생성 가능한 이진 트리의 최대 높이와 최소 높이로 모두 옳은 것은? (단, 1개의 노드로 생성된 이진 트리의 높이는 1이다)**

	최대 높이	최소 높이
①	299	8
②	299	9
③	300	8
④	300	9

ANSWER 6.④

6 이진 트리 : 모든 노드가 최대 2개의 자식을 가질 수 있는 트리로 각 노드의 자식 노드를 왼쪽 자식, 오른쪽 자식으로 구분한다.

- **포화 이진트리** : 모든 레벨의 노드가 꽉 차 있는 트리
- **편향 이진트리** : 왼쪽 혹은 서브 트리만 가지는 트리

※ **이진트리의 높이** … N개의 노드를 가진 이진 트리의 높이를 계산으로 구할수 있음

- **최대 높이** : N으로 노드의 개수와 같음
- **최소 높이** : 최소 2개의 자식 노드를 갖는 경우로서 「$\log_2(N+1)$ 」이 높이가 됨

→ 최대높이 : 300

→ 최소높이 : 「$\log_2(n+1)$ 」

$=\log(300+1)$

$=\log_2 301$

$=\log_2 2^8$

=「8.xxxxxxxx 」

=9 → 결과 8.xxxxxxxx을 무조건 올림으로 나타내어 결과는 9가 된다.

7 아래와 같은 순서대로 회의실 사용 요청이 있을 때, 다음 중 가장 많은 회의실 사용 시간을 확보할 수 있는 스케줄링 방법은? (단, 회의실은 하나이고, 사용 요청은 (시작 시각, 종료 시각)으로 구성된다. 회의실에 특정 회의가 할당되면 이 회의 시간과 겹치는 회의 요청에 대해서는 회의실 배정을 할 수 없다)

> (11 : 50, 12 : 30), (9 : 00, 12 : 00), (13 : 00, 14 : 30), (14 : 40, 15 : 00),
> (14 : 50, 16 : 00), (15 : 40, 16 : 20), (16 : 10, 18 : 00)

① 시작 시각이 빠른 요청부터 회의실 사용이 가능하면 확정한다.

② 종료 시각이 빠른 요청부터 회의실 사용이 가능하면 확정한다.

③ 사용 요청 순서대로 회의실 사용이 가능하면 확정한다.

④ 회의 시간이 긴 요청부터 회의실 사용이 가능하면 확정한다.

ANSWER 7.④

7 ④ 회의 시간이 긴 요청부터 회의실 사용이 가능하면 확정한다. → 7시간 30분
(9 : 00, 12 : 00=3), (16 : 10, 18 : 00=1:50), (13 : 00, 14 : 30=1:30), (14 : 50, 16 : 00=1:10)

① 시작 시각이 빠른 요청부터 회의실 사용이 가능하면 확정한다. → 5시간 30분
(9 : 00, 12 : 00=3), (13 : 00, 14 : 30=1:30), (14 : 40, 15 : 00=20), (15 : 40, 16 : 20=40)

② 종료 시각이 빠른 요청부터 회의실 사용이 가능하면 확정한다. → - 5시간 30분
(12 : 00, 9 : 00=-3), (14 : 30, 13 : 00=-1:30), (15 : 00, 14 : 40=-20), (16 : 20, 15 : 40=-40)

③ 사용 요청 순서대로 회의실 사용이 가능하면 확정한다. → 3시간 10분
(11 : 50, 12 : 30=40), (13 : 00, 14 : 30=1:30), (14 : 40, 15 : 00=20), (15 : 40, 16 : 20=40)

※ 가장 많은 회의실 사용 시간을 확보할 수 있는 스케쥴링 방법으로 회의 시간이 긴 요청(7시간 30분)부터 회의실 사용이 가능하면 확정한다.

8 제품 테이블에 대하여 SQL 명령을 실행한 결과가 다음과 같을 때, ㉠과 ㉡에 들어갈 내용을 바르게 연결한 것은?

〈제품 테이블〉

제품ID	제품이름	단가	제조업체
P001	나사못	100	A
P010	망치	1,000	B
P011	드라이버	3,000	B
P020	망치	1,500	C
P021	장갑	800	C
P022	너트	200	C
P030	드라이버	4,000	D
P031	절연테이프	500	D

〈SQL 명령〉

```
SELECT 제조업체, MAX(단가) AS 최고단가
FROM 제품
GROUP BY ( ㉠ )
HAVING COUNT(*) 〉 ( ㉡ ) ;
```

〈실행 결과〉

제조업체	최고단가
B	3,000
C	1,500
D	4,000

	㉠	㉡
①	제조업체	1
②	제조업체	2
③	단가	1
④	단가	2

ANSWER 8.①

8 테이블에서 특정 속성의 값이 같은 튜플을 모아 그룹을 만들고, 그룹별로 검색을 하기 위해 GROUP BY 키워드를 사용한다. 그룹에 대한 조건을 추가하려면 GROUP BY 키워드를 HAVING 키워드와 함께 사용하면 된다.

SELECT [ALL | DISTINCT] 속성_리스트
FROM 테이블_리스트
[WHERE 조건]
[GROUP BY 속성_리스트 [HAVING 조건]]

※ 제조업체 기준으로 그룹화를 한 뒤 단가 중 최고단가 속성을 추가 하여 제조업체에서 1개가 초과하는 튜플을 검색한다.

9 **스택의 입력으로 4개의 문자 D, C, B, A가 순서대로 들어올 때, 스택 연산 PUSH와 POP에 의해서 출력될 수 없는 결과는?**

① ABCD
② BDCA
③ CDBA
④ DCBA

10 **임계구역에 대한 설명으로 옳은 것은?**

① 임계구역에 진입하고자 하는 프로세스가 무한대기에 빠지지 않도록 하는 조건을 진행의 융통성(Progress Flexibility)이라 한다.
② 자원을 공유하는 프로세스들 사이에서 공유자원에 대해 동시에 접근하여 변경할 수 있는 프로그램 코드 부분을 임계영역(Critical Section)이라 한다.
③ 한 프로세스가 다른 프로세스의 진행을 방해하지 않도록 하는 조건을 한정 대기(Bounded Waiting)라 한다.
④ 한 프로세스가 임계구역에 들어가면 다른 프로세스는 임계구역에 들어갈 수 없도록 하는 조건을 상호배제(Mutual Exclusion)라 한다.

ANSWER 9.② 10.④

9 **스택 연산** … 한쪽 끝에서만 항목을 삭제하거나 새로운 항목을 저장하는 자료 구조로 마지막에 삽입한 원소는 맨 위에 쌓여 있다가 가장 먼저 삭제가 되는 후입선출 구조이다.(LIFO)
- PUSH : 레지스터에 있는 값을 Stack 메모리에 저장할 때 사용하는 명령
- POP : Stack에 있는 값을 레지스터로 가져오는 명령

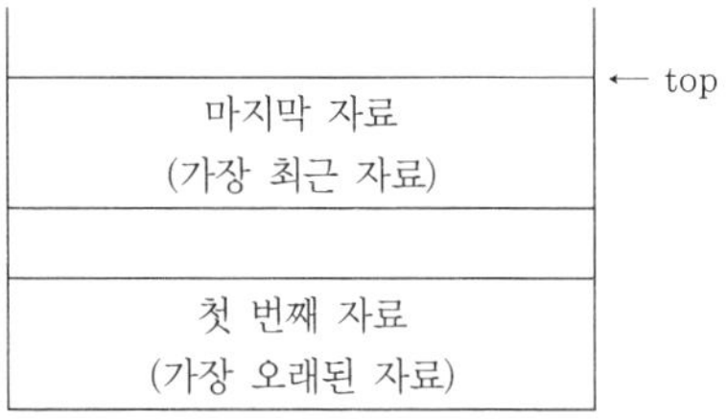

→ 후입선출구조의 문제로서 D, C, B, A를 순서대로 넣은 뒤 2번 보기와 같이 B를 빼고 D를 빼야하는데 중간에 C가 있어 D를 뺄 수 없으므로 2번은 출력될 수 없는 구조이다.

10 • **임계구역**(Critical Section) : 프로세스의 코드 중 공유 자원 접근을 수행하는 코드 영역으로 임계구역 문제를 적절히 처리하지 않으면 방금 보았듯 공유 자원에 둘 이상의 프로세스가 동시에 접근하여 경쟁 상태가 발생할 수 있다.
• **상호배제** : 상호배제란 한 번에 하나의 프로세스만이 임계영역에 들어가야 함을 의미한다.
한 프로세스만 임계구역에 진입하고, 다수의 프로세스들이 하나의 공유 자원을 상호 배타적으로 사용할 수 있게 하면서 동시에는 수행할 수 없도록 한다.

11 **통합 테스팅 방법에 대한 설명으로 옳지 않은 것은?**

① 연쇄식(Threads) 통합은 초기에 시스템 골격을 파악하기 어렵다.

② 빅뱅(Big-bang) 통합은 모든 모듈을 동시에 통합하여 테스팅한다.

③ 상향식(Bottom-up) 통합은 가장 하부 모듈부터 통합하여 테스팅한다.

④ 하향식(Top-down) 통합은 프로그램 제어 구조에서 상위 모듈부터 통합하는 것을 말한다.

12 **다음 중 파이썬 프로그래밍 언어에 대한 설명으로 옳은 것만을 모두 고르면?**

㉠ 변수 선언 시 변수명 앞에 데이터형을 지정해야 한다.
㉡ 플랫폼에 독립적인 대화식 언어이다.
㉢ 클래스를 정의하여 객체 인스턴스를 생성할 수 있다.

① ㉡　　② ㉠, ㉢

③ ㉡, ㉢　　④ ㉠, ㉡, ㉢

ANSWER 11.① 12.③

11 **통합테스팅** … 독립적으로 테스팅을 마친 모듈들이 통합 후에도 잘 돌아가는지 테스팅하는 것으로 상향, 하향, 빅뱅 방식이 있으며 상향, 하향식 모두 오류 발견이 쉽다는 방식이 있다.

- **빅뱅(Big-bang) 통합** : 상향, 하향식 방법과 다르게 점증적 방식이 아니며 전체를 한꺼번에 통합하여 테스팅을 진행한다.
- **상향식(Bottom-up) 통합** : 스텁이 별로 필요하지 않으며 아래부터 나아가기 때문에 대체할 모듈의 수가 많지 않다.
- **하향식(Top-down) 통합** : 구현과 테스팅을 분리할 수 있고 중요한 상위 모듈의 경우 테스팅 과정에서 여러 번 호출된다는 장점이 있다.

12 **파이썬** … 1991년 귀도 반 로섬이라는 프로그래머에 위해 개발된 언어로 가독성이 높고 쉬운 문법 덕분에 다른 프로그래밍 언어보다 빠른 습득이 가능하다.

※ **특징**

㉠ **스크립트 언어** : 컴파일 과정 없이 인터프리터가 소스 코드를 한 줄씩 읽어 들여 곧바로 실행하는 스크립트 언어이며 컴파일 과정이 필요하지 않아 실행 결과를 바로 확인하고 수정하면서 손쉽게 코드를 작성할 수 있다.

㉡ **동적 타이핑** : 동적 타입 언어로 변수의 자료형을 지정하지 않고 단순히 선언하는 것만으로도 값을 지정할 수 있다. 변수의 자료형은 코드가 실행되는 시점에 결정된다.

㉢ **플랫폼 독립적** : 리눅스, 유닉스, 윈도우즈, 맥 등 대부분의 운영체제에서 모두 동작하며 운영체제별로 컴파일할 필요가 없기 때문에 한 번 소스 코드를 작성하면 어떤 운영체제에서든 활용이 가능

- **클래스** : 프로그램 상에서 사용되는 속성과 행위를 모아놓은 집합체
- **인스턴스** : 클래스로부터 만들어지는 각각의 개별적인 객체

13 해쉬(Hash)에 대한 설명으로 옳지 않은 것은?

① 연결리스트는 체이닝(Chaining) 구현에 적합하다.
② 충돌이 전혀 없다면 해쉬 탐색의 시간 복잡도는 O(1)이다.
③ 최악의 경우에도 이진 탐색보다 빠른 성능을 보인다.
④ 해쉬 함수는 임의의 길이의 데이터를 입력받을 수 있다.

14 프로세스의 메모리는 세그먼테이션에 의해 그 역할이 할당되어 있다. 표준 C언어로 작성된 프로그램이 컴파일 후 실행파일로 변환되어 메모리를 할당받았을 때, 이 프로그램에 할당된 세그먼트에 대한 설명으로 옳은 것은?

① 데이터 세그먼트는 모든 서브루틴의 지역변수와 서브루틴 종료 후 돌아갈 명령어의 주소값을 저장한다.
② 스택은 현재 실행 중인 서브루틴의 매개변수와 프로그램의 전역변수를 저장한다.
③ 코드 세그먼트는 CPU가 실행할 명령어와 메인 서브루틴의 지역변수를 저장한다.
④ 힙(Heap)은 동적 메모리 할당을 위해 사용되는 공간이고, 주소값이 커지는 방향으로 증가한다.

ANSWER 13.③ 14.④

13 해쉬(Hash) … 임의의 길이를 갖는 메시지를 입력하여 고정된 길이의 해쉬값을 출력하는 함수

※ 해쉬 충돌 알고리즘
- 체이닝(Chaining)기법 : 해시 충돌 발생시, 해당 인덱스에 연결리스트를 이용해 데이터들을 연결

※ 해쉬함수의 시간복잡도
- 일반적인 경우(충돌이 없는 경우) : O(1)
- 최악의 경우(충돌이 모두 발생하는 경우) : O(n)
- 해쉬 테이블의 경우, 일반적인 경우를 기대하고 만들기 때문에 시간복잡도는 O(1)이라고 말할 수 있음

14 세그먼트 … 메모리 관리 방식의 하나로 프로그램이나 데이터를 세그먼트 또는 섹션이라는 가변 크기로 관리하는 방법

※ 주요 세그먼트 종류
- 코드(code) : 실행 될 프로그램의 기계어 명령어를 포함
- 데이터(data) : 프로그램에서 정의된 데이터, 상수, 작업 영역 등을 포함
- 스택(stack) : 프로그램이 임시로 사용하는 지역 함수 변수 등의 데이터가 저장
- 힙(heap) : 프로그래머가 직접 접근 가능한 메모리 세그먼트이며 크기가 고정되어 있지 않다.

15 다음은 프로세스 상태 전이도이다. 각 상태 전이에 대한 예로 적절하지 않은 것은?

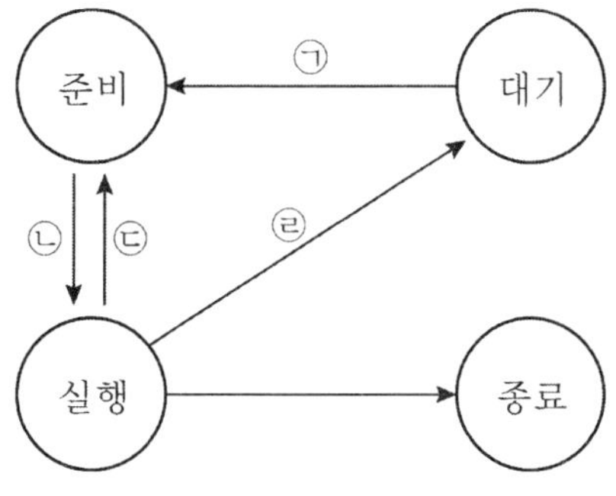

① ㉠ - 프로세스에 자신이 기다리고 있던 이벤트가 발생하였다.
② ㉡ - 실행할 프로세스를 선택할 때가 되면, 운영체제는 프로세스들 중 하나를 선택한다.
③ ㉢ - 실행 중인 프로세스가 자신에게 할당된 처리기의 시간을 모두 사용하였다.
④ ㉣ - 실행 중인 프로세스가 작업을 완료하거나 실행이 중단되었다.

ANSWER 15.④

15 프로세스 상태 전이 … 프로세스가 시스템 내에 존재하는 동안 프로세스의 상태가 변하는 것을 의미

※ 프로세스 상태 전이도

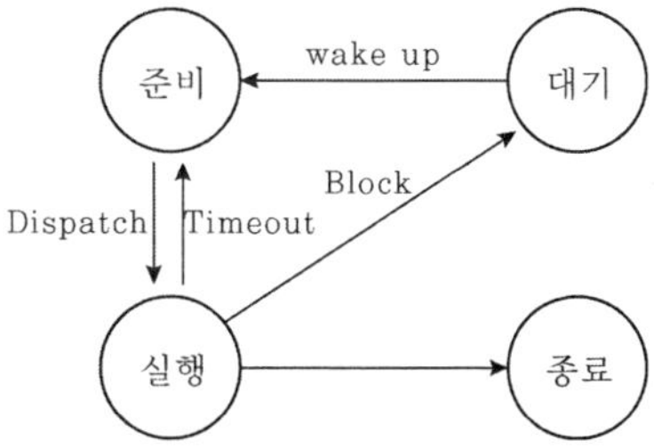

- 준비(Ready) : 프로세스가 프로세서를 할당받기 위해 기다리고 있는 상태
- 실행(Run) : 준비상태 큐에 있는 프로세스가 할당받아 실행 되는 상태
  - Dispatch : 준비 상태에서 대기하고 있는 프로세스 중 하나가 프로세서를 할당받아 실행 상태로 전이되는 과정
- 대기(Wait) : 프로세스에 입출력 처리가 필요하면 현재 실행중인 프로세스가 중단되고 입출력 처리가 완료될 때까지 대기하고 있는 상태
  - wake up : 입출력 작업이 완료되어 프로세스가 대기 상태에서 준비 상태로 전이되는 과정
- 종료(Terminate) : 프로세스의 실행이 끝나고 프로세스 할당이 해제된 상태

※ 상태전이 동작

㉠ 대기 → 준비(Wake up) : 입출력이 완료되거나 자원이 할당되어 다시 실행
㉡ 준비 → 실행(Dispatch) : 우선순위가 높은 프로세스 선정하여 명령어 실행
㉢ 실행 → 준비(Timer runout) : 클럭이 인터럽트를 발생시켜 제어권을 빼앗음
㉣ 실행 → 대기(Block) : 프로세서가 입출력, 자원 등을 기다리기 위해 대기로 전환

16 -30.25×2^{-8}의 값을 갖는 IEEE 754 단정도(Single Precision) 부동소수점(Floating-point) 수를 16진수로 변환하면?

① 5DF30000

② 9ED40000

③ BDF20000

④ C8F40000

ANSWER 16.③

16 IEEE 754의 부동 소수점 표현은 크게 세 부분으로 구성되는데, 최상위 비트는 부호를 표시하는 데 사용되며, 지수 부분(exponent)과 가수 부분(fraction/mantissa)이 있다.

• 32비트 단정도 실수

부호비트 : 1

지수비트 : 8

가수비트 : 23

바이어스 : 127

	지수부	가수부
1	8	23

10진수 −30.25를 2진수로 표현 : −11110.01 // 2진수로 변환

정규화수행 : $-30.25 \times 2^{-8} = -11110.01 \times 2^{-8} = 1.111001 \times 2^{-4}$ // 소수점을 가장 첫째 자리로 옮기고 소수점이 이동한 자리수(n)만큼 만큼 2^n)

부호비트 : 1(음수)

지수비트 : 01111111 − 000000100 = 01111011

가수비트 : 111001 → 가장 왼쪽 1은 생략하고, 가수비트 나머지는 0으로 채운다

11100100000000000000000

1	01111011	111001
1	8	23

1011/1101/1111/0010/0000/0000/0000/0000
11/13/15/2/0/0/0/0

16 진수	
10	A
11	B
12	C
13	D
14	E
15	F

→ BDF20000

17 다음은 어느 학생이 C 언어로 작성한 학점 계산 프로그램이다. 출력 결과는?

```
#include <stdio.h>
int main()
{
  int score = 85;
  char grade;
  if (score >= 90) grade='A';
  if (score >= 80) grade='B';
  if (score >= 70) grade='C';
  if (score < 70)  grade='F';
  printf("학점 : %c₩n", grade);
  return 0;
}
```

① 학점 : A

② 학점 : B

③ 학점 : C

④ 학점 : F

ANSWER 17.③

17 score = 85 이어서 if (score >= 80) grade = 'B'; 조건에 해당하여 다음 줄로 이동하여 명령문을 실행한다.
if (score >= 70) grade = 'C'; 줄로 이동하여 score = 85가 70 이상이 되어 조건문을 만족하여 다음 줄로 이동하여 명령문을 실행한다.
if (score < 70) grade = 'F'; 문에서는 score = 85로 조건문에 해당되지 않으므로 printf("학점 : %c₩n", grade);로 이동하여 학점 : C를 출력한다.

18 파이프라인 해저드(Pipeline Hazard)에 대한 다음 설명에서 ㉠과 ㉡에 들어갈 내용을 바르게 연결한 것은?

> • 하드웨어 자원의 부족 때문에 명령어를 적절한 클록 사이클에 실행할 수 있도록 지원하지 못할 때 (㉠) 해저드가 발생한다.
> • 실행할 명령어를 적절한 클록 사이클에 가져오지 못할 때 (㉡) 해저드가 발생한다.

	㉠	㉡
①	구조적	제어
②	구조적	데이터
③	데이터	구조적
④	데이터	제어

ANSWER 18.①

18 파이프 라인의 정의 … 명령어를 단계별로 분할하여 수행 단계가 겹치지 않은 명령을 중첩하여 수행
- 구조적 해저드 : 하드웨어가 여러 명령들의 수행을 지원하지 않기 때문에 발생, 자원 충
- 데이터 해저드 : 명령의 값이 현재 파이프 라인에서 수행중인 이전 명령의 값에 종속
- 제어 해저드 : 분기 명령어에 의해서 발생

19 합성곱 신경망(CNN, Convolutional Neural Network) 처리 시 다음과 같은 입력과 필터가 주어졌을 때, 합성곱에 의해 생성된 특징 맵(Feature Map)의 ㉠에 들어갈 값은?

입력

1	1	0	0
1	1	1	1
0	1	0	0
1	1	0	1

필터

1	0	0
0	1	1
1	1	1

특징 맵

(㉠)	

① 3　　② 4
③ 5　　④ 6

ANSWER 19.②

19 합성곱 신경망(CNN, Convolutional Neural Network) … 사물인식에서 뛰어난 성능을 보이는 딥러닝 방법

입력

1	1	0	0
1	1	1	1
0	1	0	0
1	1	0	1

• 입력필터를 4등분으로 분할하여 계산한다.

입력1

1	1	0
1	1	1
0	1	0

→ 입력2 → (㉡)

1	0	0
1	1	1
1	0	0

→ 입력3 → (㉢)

1	1	1
0	1	0
1	1	0

→ 입력4 → (㉣)

1	1	1
1	0	0
1	0	1

입력1

1	1	0
1	1	1
0	1	0

* 필터

1	0	0
0	1	1
1	1	1

= 특징맵

(㉠)	㉡
㉢	㉣

• 입력과 필터를 곱한 뒤 결과를 더해서 계산결과 ㉠에 적어준다.

입력1

1	1	0
1	1	1
0	1	0

* 필터

1	0	0
0	1	1
1	1	1

→ 계산결과

1	0	0
0	1	1
0	1	0

특징맵

4	(㉡)
(㉢)	(㉣)

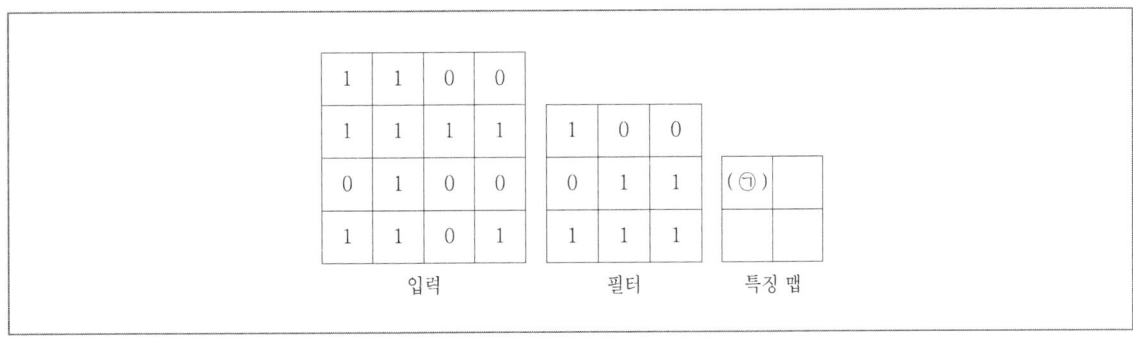

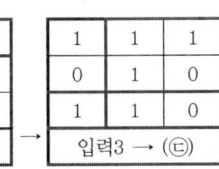

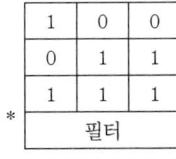

20 해밍코드에 대한 패리티 비트 생성 규칙과 인코딩 예가 다음과 같다. 이에 대한 설명으로 옳은 것은?

〈패리티 비트 생성 규칙〉

원본 데이터	d4	d3	d2	d1			
인코딩된 데이터	d4	d3	d2	p4	d1	p2	p1

p1 = (d1 + d2 + d4) mod 2

p2 = (d1 + d3 + d4) mod 2

p4 = (d2 + d3 + d4) mod 2

〈인코딩 예〉

원본 데이터	0	0	1	1			
인코딩된 데이터	0	0	1	1	1	1	0

① 이 방법은 홀수 패리티를 사용하고 있다.

② 원본 데이터가 0100이면 0101110으로 인코딩된다.

③ 패리티 비트에 오류가 발생하면 복구는 불가능하다.

④ 수신측이 0010001을 수신하면 한 개의 비트 오류를 수정한 후 최종적으로 0010으로 복호한다.

ANSWER 20.④

20 해밍코드 … 자기 정정 부호의 하나로 2비트의 오류 검출해서 1비트 오류를 수정할 수 있는 오류 검출 및 수정부호를 말함

- 오류의 검출은 물론 스스로 수정까지 가능하여 자기 정정 부호라고 함
- 전송 비트 중 1,2,4,8,16,32,64....2n번째를 오류 검출을 위한 패리티 비트로 사용
- 오류 검출 및 교정을 위한 잉여비트가 많이 필요

※ 패리티 비트

- 전송하는 데이터마다 패리티 비트 1개씩 추가하여 홀수 또는 짝수 검사 방법으로 오류 검출
- 2개 이상의 오류가 나면 확인이 불가능 하다.

① 이 방법은 짝수 패리티를 사용하고 있다.

② 원본 데이터가 0100이면 0101010으로 인코딩된다.

7	6	5	4	3	2	1
d4	d3	d2	P4	d1	P2	P1
0	1	0		0		
			1		1	0

1,3,5,7 → P1의 패리티 값 0

2,6,7 → P2의 패리티 값 1

4,5,6,7 → P4의 패리티 값 1

③ 패리티 비트에 오류가 발생하면 복구가 가능하다.

컴퓨터일반 / 2021. 6. 5. 제1회 지방직 시행

1 가상화폐와 관련이 가장 적은 것은?

① 채굴(mining)
② 소켓(socket)
③ 비트코인(bitcoin)
④ 거래(transaction)

2 다음 설명에 해당하는 기술은?

실제 환경에 가상 사물을 합성해 원래 존재하는 사물처럼 보이도록 하는 기술이다.

① MPEG(Moving Picture Experts Group)
② AI(Artificial Intelligence)
③ AR(Augmented Reality)
④ VOD(Video On Demand)

ANSWER 1.② 2.③

1 암호화 기술을 사용하기 때문에 암호화폐라고도 부르는 가상화폐는 온라인에서 거래할 수 있는 전자 화폐다.
- **종류** : 비트코인, 이더리움, 리플, 비트코인 캐시 등
- **특징** : 주식은 발행, 가상화폐는 채굴이라는 방식을 사용하며 1년 365일, 24시간 내내 언제 어디서나 거래할 수 있다.

2 AR(Augmented Reality, 증강현실) … 실세계에 3차원 가상물체를 겹쳐 보여주는 기술로 현실의 이미지나 배경에 3차원 가상 이미지를 겹쳐서 하나의 영상으로 보여주는 기술이다.
- MPEG(Moving Picture Experts Group) : 동영상 압축 기술에 대한 국제 표준규격
- AI(Artificial Intelligence) : 인간의 학습능력과 추론능력, 지각능력, 자연언어의 이해능력 등을 컴퓨터 프로그램으로 실현한 기술
- VOD(Video On Demand) : 사용자가 필요로 하는 영상을 원하는 시간에 제공해 주는 맞춤 영상 정보 서비스

3 일반적인 컴퓨터 시스템에서 정확한 값으로 표현하기 가장 어려운 것은?

① $\sqrt{2}$
② $1\frac{3}{4}$
③ 2.5
④ -0.25×2^{-5}

4 노드(node)가 11개 있는 트리의 간선(edge) 개수는?

① 10
② 11
③ 12
④ 13

ANSWER 3.① 4.①

3 ① $\sqrt{2}$: 무한소수로서 정확한 값을 표현하기 어려움
→ 1.41421 35623 73095 04880 16887 242069 69807 85696 71875 37694 80731 ......

② $1\frac{3}{4}$: $\frac{4}{4}+\frac{3}{4}=\frac{7}{4}$로 분수 표현 가능

③ 2.5 : 소수 표현 가능

④ -0.25×2^{-5} : 부동소수점 표현 가능

4 ㉠ **트리** : 대표적인 비선형 자료구조, 계층적인 구조를 나타내는 부모-자식 관계의 노드들로 상하관계를 이루는 자료구조
- **노드** : 트리의 구성요소
- **간선** : 노드를 연결하는 선

㉡ **노드의 특징**
- 노드들과 노드들을 연결하는 간선들로 구성
- 각 노드는 부모 노드로의 연결이 있을 수도 있고, 아닐 수도 있다.

㉢ **이진트리** : 모든 노드가 2개의 서브트리를 가지고 있는 트리

㉣ **이진트리의 간선과 노드** : n개의 노드를 가지는 이진트리는 항상 (n-1)개의 간선을 가진다.

∴ 노드가 11개 있는 트리의 간선 개수는 11-1=10이다.

5 CPU에서 명령어를 처리하는 단계 중 가장 첫 번째에 위치하는 것은?

① 실행(execution)
② 메모리 접근(memory access)
③ 명령어 인출(instruction fetch)
④ 명령어 해독(instruction decode)

6 캐시(cache)에 대한 설명으로 옳지 않은 것은?

① CPU와 인접한 곳에 위치하거나 CPU 내부에 포함되기도 한다.
② CPU와 상대적으로 느린 메인(main) 메모리 사이의 속도 차이를 줄이기 위해 사용된다.
③ 다중프로세서 시스템에서는 write-through 정책을 사용하더라도 데이터 불일치 문제가 발생할 수 있다.
④ 캐시에 쓰기 동작을 수행할 때 메인 메모리에도 동시에 쓰기 동작이 이루어지는 방식을 write-back 정책이라고 한다.

ANSWER 5.③ 6.④

5 CPU는 하나의 명령어를 단계적으로 처리한다.

※ 명령어 처리의 5단계
① 명령어 인출
② 명령어 해독
③ 피연산자 인출
④ 명령어 실행
⑤ 결과 저장

6 ㉠ **캐시(cache)** : 주기억장치와 중앙처리장치 사이에 있는 고속 버퍼 메모리로 용량은 적지만 속도가 빨라서 데이터에 접근하기 좋다.

㉡ **쓰기정책** : 캐시의 블록이 변경 되었을때 그 내용을 주기억 장치에 갱신하는 시기와 방법의 결정

㉢ **정책유형**
- Write-Through : 모든 쓰기 동작들이 캐시로 뿐만 아니라 주기억 장치로도 동시에 수행되는 방식으로 캐시에 적재된 블록의 내용과 주기억장치에 있는 그 블록의 내용이 항상 동일하다는 장점과 모든 쓰기 동작이 주기억장치 쓰기를 포함하므로 쓰기 시간이 길어 진다는 단점이 있다.
- Write-Back : 캐시에서 데이터가 변경되어도 주기억장치에는 갱신되지 않는 방식으로 기억장치에 대한 쓰기 동작의 횟수가 최소화되며 짧은 쓰기 시간이라는 장점과 캐시의 내용과 주기억 장치의 해당 내용이 서로 상이하며 블록을 교체할 때는 캐시의 상태를 확인하여 갱신하는 동작이 선행 필요, 이를 위한 각 캐시라인의 상태 비트가 필요하다는 단점이 있다.

㉣ **문제점** : 데이터 불일치 문제, 일관성 문제(다중 프로세서 시스템)

7 가상 기계(virtual machine)에 대한 설명으로 옳지 않은 것은?

① 가상 기계 모니터 또는 하이퍼바이저(hypervisor)는 가상 기계를 지원하는 소프트웨어이다.

② 가상 기계 모니터는 호스트 운영체제 위에서만 실행된다.

③ 데스크톱 환경에서 Windows나 Linux와 같은 운영체제를 여러 개 실행하기 위해 사용되기도 한다.

④ 가상 기계가 호스트 운영체제 위에서 동작할 때, 이 기계 위에서 동작하는 응용 프로그램은 처리 속도가 느려질 수 있다.

8 프로세스(process)에 대한 설명으로 옳지 않은 것은?

① 실행 중인 프로그램이다.

② 프로그램 코드 외에도 현재의 활동 상태를 갖는다.

③ 준비(ready) 상태는 입출력 완료 또는 신호의 수신 같은 사건(event)이 일어나기를 기다리는 상태이다.

④ 호출한 함수의 반환 주소, 매개변수 등을 저장하기 위해 스택을 사용한다.

ANSWER 7.② 8.③

7 가상 기계(virtual machine) … 물리적 머신에 연결되지 않고 프로그램이나 애플리케이션을 수행하는 소프트웨어로 인스턴스에서 하나 이상의 게스트머신을 물리적 호스트 컴퓨터에서 실행할 수 있다.

- 가상머신 기술을 이용하면 하나의 물리적 하드웨어 시스템 위에 다수의 가상 환경을 구성하여, 복수의 운영체제(OS)나 시스템을 운영할 수 있다.
- **대표적인 예** : 자바 가상머신(Java Virtual Machine, JVM)

–하이퍼바이저는 가상화 머신 모니터라고도 부르며 인터넷 상에서 쌍방향 의사소통이 가능한 호스트 컴퓨터를 통해 다수의 운영체제를 동시에 작동 시키는 소프트웨어이며 주로 중앙처리장치인 CPU와 운영체제인 OS의 중간역할로 사용

- **장점** : 하드디스크를 포맷하거나 멀티 부팅을 하지 않고 프로그램처럼 다른 운영체제를 이용

8 프로세스는 컴퓨터에서 실행중인 프로그램(일, Task)을 말하며 프로세스가 실행되는 동안 생성, 준비, 실행, 대기, 종료의 상태들을 거치는데 컴퓨터는 여러 일을 처리할 때 프로그램 요소들이 움직이는 일정에 따라 작업 순서를 매기는데 이를 스케줄링이라고 한다.

※ **프로세스의 상태**

- **생성**(create) : 프로세스가 생성되는 중이다.
- **실행**(running) : 프로세스가 CPU를 차지하여 명령어들이 실행되고 있다.
- **준비**(ready) : 프로세스가 CPU를 사용하고 있지는 않지만 언제든지 사용할 수 있는 상태로, CPU가 할당되기를 기다리고 있다. 일반적으로 준비 상태의 프로세스 중 우선순위가 높은 프로세스가 CPU를 할당받는다.
- **대기**(waiting) : 보류(block)라고 부르기도 한다. 프로세스가 입출력 완료, 시그널 수신 등 어떤 사건을 기다리고 있는 상태를 말한다.
- **종료**(terminated) : 프로세스의 실행이 종료되었다.

9 **자바 프로그래밍 언어에 대한 설명으로 옳은 것은?**

① 클래스에서 상속을 금지하는 키워드는 this이다.

② 인터페이스(interface)는 추상 메소드를 포함할 수 없다.

③ 메소드 오버라이딩(overriding)은 상위 클래스에 정의된 메소드와 하위 클래스에서 재정의되는 메소드의 매개변수 개수와 자료형 등이 서로 다른 것을 의미한다.

④ 메소드 오버로딩(overloading)은 한 클래스 내에 동일한 이름의 메소드가 여러 개 있고 그 메소드들의 매개변수 개수 또는 자료형 등이 서로 다른 것을 의미한다.

ANSWER 9.④

9 ㉠ 자바 프로그래밍 언어는 객체지향프로그래밍 언어로 모바일과 웹프로그래밍, 게임 프로그래밍, 임베디드 프로그램 등 다양한 분야에서 활용되는 프로그래밍 언어이다.

㉡ 메소드나 클래스에서 상속을 금지하는 키워드는 Final이다.

㉢ **인터페이스** : 자바프로그래밍 언어에서 클래스들이 구현해야 하는 동작을 지정하는데 사용되는 추상형이다.

㉣ **메소드** : 클래스 내부에 정의되어 있으며, 인스턴스가 클래스와 관련하여 어떻게 행동하는지의 동작을 정의

- **메소드 오버라이딩** : 부모 클래스가 가지고 있는 메소드와 같은 이름을 가지고 있는 메소드를 자식 클래스에서 구현하는 것
- **메소드 오버로딩** : 한 클래스 내에 이미 사용하려는 이름과 같은 이름을 가진 메소드가 있더라도 매개 변수의 개수 또는 타입이 다르면, 같은 이름을 사용해서 메소드를 정의

10 다음 C++ 프로그램의 실행 결과로 옳은 것은?

```
#include <iostream>
using namespace std;

class Student {
public:
Student():Student(0) {};
Student(int id):_id(id) {
if (_id > 0) _cnt++;
};
static void print() { cout << _cnt;};
void printID() { cout << ++_id;};

private:
int _id;
static int _cnt;
};

int Student::_cnt = 0;

int main() {
Student A(2);
Student B;
Student C(4);
Student D(-5);
Student E;
Student::print();
E.printID();
return 0;
}
```

① 21　　② 22

③ 30　　④ 31

ANSWER 10.①

10

- #include 〈iostream〉 → '#'은 전처리기이며 컴파일을 시작하면 우선적으로 처리한다.
  → 〈iostream〉은 cout, cin, endl 등 기본 입출력과 관련된 객체들을 정의한 헤더파일
  cout : 출력작업의 변화 printf()
  cin : 입력작업의 변화 scanf()
  - cout : 다양한 데이터를 출력하는데 사용하는 출력 스트림
    〈〈 : 출력할 데이터를 출력 스트림에 삽입
  - cin : 다양한 데이터를 입력하는데 사용하는 입력 스트림
    〉〉 : 입력할 데이터를 입력 스트림에서 추출하여 read_data라는 변수에 저장
- using namespace std; → 입력하는 문자열을 대신하며 std를 namespace로 처리하면 std 클래스 명을 사용하지 않고 함수를 호출
- Student::print();
  E.printID(); → print(), printid() 문을 실행하기 위해서 static void print() { cout 〈〈 _cnt;};
  void printID() { cout 〈〈 ++_id;};
  구문을 실행한다.
- static void print() { cout 〈〈 _cnt;}; → _cnt 값을 가져와서 그대로 출력
- void printID() { cout 〈〈 ++_id;}; → _id를 가져와서 1 증가 시킨 후 출력
- int Student::_cnt = 0; → _cnt는 초기값을 0으로 지정
- if (_id 〉 0) _cnt++; → _id 값이 0보다 크거나 같으면 cnt값을 1 증가 시킴
- Student(int id):_id(id) { → _id는 id값을 받음.
- int main() { → main() 함수에서 스택공간에 객체를 생성함
- Student A(2); → 객체가 생성되면서 A의 값 2는 Student(int id):_id(id) { 의 id에 들어가는 값이 되므로 _id 값은 2가 된다.
- Student B; → 아무 값이 없으므로 tudent(int id):_id(id) { 의 id에서 _id 값은 0이 된다.
- Student C(4); → 객체가 생성되면서 C의 값 4는 Student(int id):_id(id) { 의 id에 들어가는 값이 되므로 _id 값은 4가 된다.
- Student D(-5); → 객체가 생성되면서 D의 값 -5는 Student(int id):_id(id) { 의 id에 들어가는 값이 되므로 _id 값은 -5가 된다.
- Student E; → 아무 값이 없으므로 tudent(int id):_id(id) { 의 id에서 _id 값은 0이 된다.
- if (_id 〉 0) _cnt++; → _id가 0보다 크면 _cnt를 1 증가시킴
  ∴ Student A(2); → cnt는 0보다 크기 때문에 값이 0이었다가 1 증가되어 1이 됨
  Student B; → 0 값이므로 해당없음
  Student C(4); → 4가 0보다 크므로 값 1에 1 증가되어 2가 됨
  Student D(-5); → 값이 -5로 해당 없음
  Student E; → 값이 0이므로 해당 없음
  Student::print(); → 출력 구문으로 static void print() { cout 〈〈 _cnt;};에서 _cnt값을 그대로 출력하여 값은 2가 됨
- E.printID(); → E 값을 출력하는 구문으로 Student E; 에서 값이 0이었으므로 0을 출력하며 void printID() { cout 〈〈 ++_id;}; 구문에서 0이 출력되는 과정에서 1 증가하여 출력되므로 E는 1이 됨.
  ∴ 줄바꿈이 없으므로 같은 줄에 2와 1이 출력되어 21이 된다.

return 0;

11 다음 C 프로그램의 실행 결과로 옳은 것은?

```
#include <stdio.h>
int main()
{
    int count, sum = 0;

    for ( count = 1; count <= 10; count++) {
        if ((count % 2) == 0)
            continue;
        else
            sum += count;
    }
    printf("%d₩n", sum);
}
```

① 10

② 25

③ 30

④ 55

ANSWER 11.②

11 - for (count = 1; count <= 10; count++) { → 1 부터 10까지 1씩 증가

- if ((count % 2) == 0) → count를 2로 나누어 나머지가 0이 아닌 수를 추출하므로 짝수가 아닌 홀수 1, 3, 5, 7, 9 추출됨

- sum += count; → 추출된 1, 3, 5, 7, 9를 더함

- printf("%d₩n", sum); → 추출된 1, 3, 5, 7, 9를 더하여 25를 출력함

12 클래스기반 주소지정에서 IPv4 주소 131.23.120.5가 속하는 클래스는?

① Class A

② Class B

③ Class C

④ Class D

13 IPv4 CIDR 표기법에서 네트워크 접두사(prefix)의 길이가 25일 때, 이에 해당하는 서브넷 마스크(subnet mask)는?

① 255.255.255.0

② 255.255.255.128

③ 255.255.255.192

④ 255.255.255.224

ANSWER 12.② 13.②

12 IPv4 … 주소체계는 총 12자리이며, 네 부분으로 나뉜다. 각 부분은 0~255까지 3자리의 수로 표현된다.

→ 131.23.120.5에서 첫자리가 131이므로 B클래스에 해당한다.

CLASS	구성 범위		용도
A 클래스	1~127	0.0.0.0~127.255.255.255	국가 및 대형 통신망
B 클래스	128~191	128.0.0.0~191.255.255.255	중·대규모 통신망, 학교 전산망
C 클래스	192~223	192.0.0.0~223.255.255.255	소규모 통신망, ISP 업체
D 클래스	224~239	224.0.0.0~239.255.255.255	멀티캐스트
E 클래스	240~255	240.0.0.0~254.255.255.255	실험용

13 CIDR 표기법 : 연속된 IP 주소의 범위를 표기하는 방법중 하나

※ 서브넷 마스크(subnet mask) … IP 주소에서 네트워크 주소와 호스트 주소를 구별하는 구별자 역할을 하며 IP 주소 32비트 중에서 첫 번째 비트에서 몇 번째 비트까지 네트워크 주소로 할 것인지를 알려주는 역할

→ /25일 경우 서브넷 마스크는

128	64	32	16	8	4	2	1	128	64	32	16	8	4	2	1	128	64	32	16	8	4	2	1	128	64	32	16	8	4	2	1
1	1	1	1	1	1	1	1	1	1	1	1	1	1	1	1	1	1	1	1	1	1	1	1	1	0	0	0	0	0	0	0
255								255								255								128							

∴ 255.255.255.128

14 **다음 설명에 해당하는 기술은?**

> • 클라이언트의 요구에 대한 응답 시간을 줄일 수 있다.
> • 외부 인터넷과 연결된 트래픽을 줄일 수 있다.
> • 최근 호출된 객체의 사본을 저장한다.

① DNS　　② NAT

③ Router　　④ Proxy server

15 **노드 7, 13, 61, 38, 45, 26, 14를 차례대로 삽입하여 최대 히프(heap)를 구성한 뒤 이 트리를 중위 순회 할 때, 첫 번째로 방문하는 노드는?**

① 7　　② 14

③ 45　　④ 61

ANSWER 14.④ 15.①

14 프록시 서버(Proxy server) … 클라이언트와 서버 사이에서 데이터를 중계하는 역할을 하는 서버로 인터넷상에서 한번 요청된 데이터를 대용량 디스크에 저장해 두었다가 반복 요청시 디스크에 저장된 데이터를 제공해 준다. 프록시는 메모리를 가지고 있기 때문에 이미 메모리에 데이터가 들어있어 프록시에서 바로 가져다가 PC에게 전달을 하기 때문에 트래픽도 줄어들고 속도도 빠른 이중의 효과를 얻게 된다.

15 • 7을 제일 먼저 차례대로 삽입하여 최대 히프를 구성

```
      7
    /
  13
```

• 차례대로 삽입하면서 최대히프를 구성하므로 자리가 교체됨

```
      13
    /
  7
```

• 61이 삽입되면서 자리가 교체됨.

```
      61
    /    \
  7        13
```

• 38 삽입

```
          61
        /    \
      7        13
    /
  38
```

• 38이 삽입된후 자리 교체가 됨

```
           61
        /      \
     38          13
   /
 7
```

• 45가 삽입되면서 자리 교체됨

```
           61
        /      \
     45          13
   /    \
 7        38
```

• 26이 삽입 되면서 자리가 교체됨

```
              61
        /              \
     45                  26
   /    \              /
 7        38      13
```

• 마지막으로 14가 삽입이 되나 자리 변화는 없으며 최대 히프가 구성됨

```
              61
        /              \
     45                  26
   /    \              /    \
 7        38      13          14
```

∴ 구성된 최대히프를 중위 순회를 하여야 하므로 왼쪽 – 중앙 – 오른쪽 순으로 순회하면 첫번째로 방문하는 노드는 7이 된다.

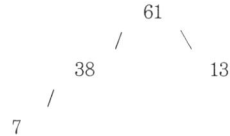

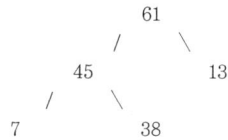

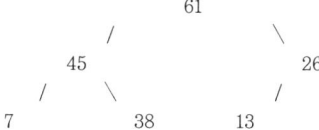

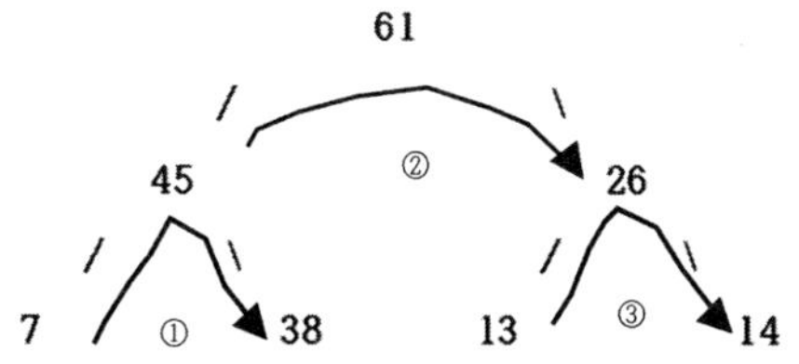

• **히프**(heap) : 완전 이진트리의 일종으로 우선순위 큐를 위하여 만들어진 자료구조로 여러 개의 값들 중에서 최댓값이나 최솟값을 빠르게 찾아내도록 만들어진 자료구조

• **완전이진트리** : 노드가 순서대로 (위에서 아래로, 왼쪽에서 오른쪽으로) 빈틈없이 채워진 이진트리

※ **이진트리의 순회**

① **전위 순회**(Preorder Traversal) : 루트 노드를 먼저 순회

② **중위 순회**(Inorder Traversal) : 루트 노드를 중간에 순회

③ **후위 순회**(Postorder Traversal) : 루트 노드를 나중에 순회

16 다음 그림은 스마트폰 수리와 관련된 E-R 다이어그램의 일부이다. 이에 대한 설명으로 옳지 않은 것은?

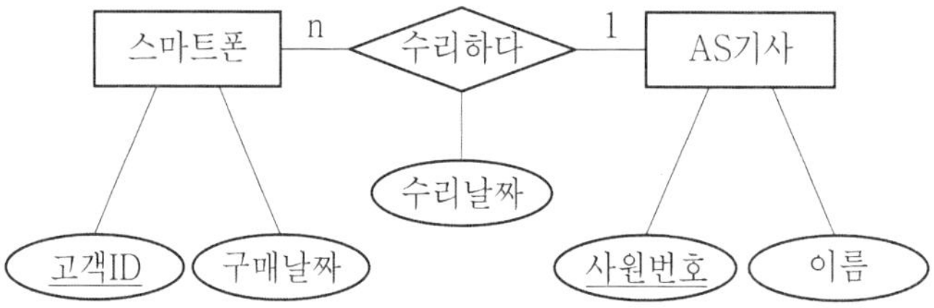

① '수리하다' 관계는 속성을 가지고 있다.

② 'AS기사'와 '스마트폰'은 일대다 관계이다.

③ '스마트폰'은 다중값 속성을 가지고 있다.

④ '사원번호'는 키 속성이다.

ANSWER 16.③

16 • E-R 다이어그램 : 개체-관계 모델을 이용해 현실 세계를 개념적으로 모델링한 결과물을 그림으로 표현한 것

• 기본적으로 개체를 표현하는 사각형, 개체 간의 관계를 표현하는 마름모, 개체나 관계의 속성을 표현하는 타원과, 각 요소를 연결하는 링크(연결선)로 구성된다. 그리고 일대일(1:1), 일대다(1:n), 다대다(n:m) 관계를 레이블로 표기

기호	기호이름	의미
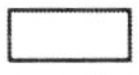	사각형	개체 타입
	마름모	관계 타입
	타원	속성
	이중 타원	다중값 속성
	밑줄 타원	기본키 속성
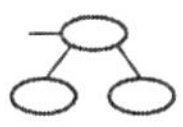	복수 타원	복합 속성
	관계	1:1, 1:N, N:M 등의 개체 간 관계에 대한 대응수를 선위에 기술
────	선링크	개체 타입과 속성을 연결

17 UML(Unified Modeling Language) 버전 2.0에 대한 설명으로 옳지 않은 것은?

① 액터(actor)는 사람이 아닌 경우도 있다.

② 클래스(class) 다이어그램은 시스템의 클래스들과 그들 간의 연관을 보여준다.

③ 유스케이스(usecase) 다이어그램은 사용자와 시스템 간의 상호 작용을 보여준다.

④ 시퀀스(sequence) 다이어그램은 시스템이 내부 또는 외부 이벤트에 대해 어떻게 반응하는지 보여준다.

18 같은 값을 옳게 나열한 것은?

① $(264)_8$, $(181)_{10}$

② $(263)_8$, $(AC)_{16}$

③ $(10100100)_2$, $(265)_8$

④ $(10101101)_2$, $(AD)_{16}$

ANSWER 17.④ 18.④

17 UML(Unified Modeling Language) … 시스템 개발 과정에서 시스템 개발자와 고객 또는 개발자 상호간의 의사소통이 원활하게 이루어지도록 표준화한 대표적인 객체지향 모델링 언어

㉠ 구성요소 : 사물, 관계, 다이어그램 등이 있음

㉡ 다이어그램 : 사물과 관계를 도형으로 표현한 것

㉢ 구조적 다이어그램의 종류

- 클래스 다이어그램 : 클래스와 클래스가 가지는 속성, 클래스 사이의 관계를 표현
- 객체 다이어그램 : 인스턴스를 특정 시점의 객체와 객체 사이의 관계로 표현
- 컴포넌트 다이어그램 : 실제 구현 모듈인 컴포넌트 간의 관계나 컴포넌트 간의 인터페이스를 표현 구현 단계에서 사용
- 배치 다이어그램 : 결과물, 프로세스, 컴포넌트 등 물리적 요소들의 위치를 표현
- 복합체 구조 다이어그램 : 클래스나 컴포넌트가 복합 구조를 갖는 경우 그 내부 구조를 표현
- 패키지 다이어그램 : 유스케이스나 클래스 등의 모델 요소들을 그룹화한 패키지들의 관계를 표현

㉣ 행위 다이어그램의 종류

- 유스케이스 다이어그램 : 사용자의 요구를 분석하는 것으로 기능 모델링 작업에 사용
- 시퀀스 다이어그램 : 상호 작용하는 시스템이나 객체들이 주고받는 메시지를 표현
- 커뮤니케이션 다이어그램 : 시퀀스 다이어그램과 같이 동작에 참여하는 객체들이 주고받는 메시지를 표현. 메시지뿐만 아니라 객체들 간의 연관까지 표현
- 상태 다이어그램 : 하나의 객체가 자신이 속한 클래스의 상태 변화 혹은 다른 객체와의 상호 작용에 따라 상태가 어떻게 변화하는지를 표현
- 활동 다이어그램 : 시스템이 어떤 기능을 수행하는지 객체의 처리 로직이나 조건에 따른 처리의 흐름을 순서에 따라 표현
- 상호작용 개요 다이어그램 : 상호작용 다이어그램 간의 제어 흐름을 표현
- 타이밍 다이어그램 : 객체 상태 변화와 시간 제약을 명시적으로 표현

18 ① $(264)_8 \rightarrow 180_{10}$, $(181)_{10}$

② $(263)_8 \rightarrow 179_{10}$, $(AC)_{16} \rightarrow 172_{10}$

③ $(10100100)_2 \rightarrow 164_{10}$, $(265)_8 \rightarrow 181_{10}$

④ $(10101101)_2 \rightarrow 173_{10}$, $(AD)_{16} \rightarrow 173_{10}$

19 **관계형 데이터베이스에 대한 설명으로 옳은 것만을 모두 고르면?**

> ㉠ 관계형 데이터베이스 스키마(schema)는 릴레이션 스키마의 집합과 무결성 제약조건(integrity constraint)으로 구성된다.
> ㉡ 개체(entity) 무결성 제약조건은 기본 키(primary key)를 구성하는 모든 속성은 널(null) 값을 가지면 안된다는 규칙이다.
> ㉢ 참조(referential) 무결성 제약조건이란 외래 키(foreign key)는 참조할 수 없는 값을 가질 수 없다는 규칙이다.
> ㉣ 후보 키(candidate key)가 되기 위해서는 유일성(uniqueness)과 효율성(efficiency)을 항상 만족해야 한다.

① ㉠, ㉡, ㉢
② ㉠, ㉡, ㉣
③ ㉠, ㉢, ㉣
④ ㉡, ㉢, ㉣

20 **IT 기술에 대한 설명으로 옳지 않은 것은?**

① IoT는 각종 물체에 센서와 통신 기능을 내장해 인터넷에 연결하는 기술이다.
② ITS는 기존 교통체계의 구성 요소에 첨단 기술들을 적용시켜 보다 안전하고 편리한 통행과 전체 교통체계의 효율성을 높이는 시스템이다.
③ IPTV는 인터넷을 이용하여 방송 및 기타 콘텐츠를 TV로 제공하는 서비스 방식이다.
④ GIS는 라디오 주파수를 이용한 비접촉 인식 장치로 태그와 리더기로 구성된 자동 인식 데이터 수집용 무선 통신 시스템이다.

ANSWER 19.① 20.④

19
- **데이터 무결성** : 데이터의 정확성, 일관성, 유효성이 유지되는 것을 말한다.
- **개체 무결성** : 모든 테이블이 기본키로 선택된 필드를 가져야 한다. 기본키로 선택된 필드는 고유한 값을 가져야 하며, 빈 값은 허용하지 않는다.
- **참조 무결성** : 관계형 데이터베이스 모델에서 참조 무결성은 참조 관계에 있는 두 테이블의 데이터가 항상 일관된 값을 갖도록 유지되는 것을 말한다.

※ 키의 종류
- **슈퍼키** : 테이블에 존재하는 필드들의 부분집합으로써, 유일성을 만족
- **후보키** : 기본키가 될 수 있는 후보를 말하며 테이블에 존재하는 전체 필드의 부분집합으로써, 유일성과 최소성을 만족해야 한다.
- **기본키** : 테이블에서 특정 레코드를 구별하기 위해 후보키 중에서 선택된 고유한 식별자를 말한다.

20 **GIS(지리정보시스템)** … 지리공간 데이터를 분석 · 가공하여 활용할 수 있는 시스템

컴퓨터일반 2022. 4. 2. 인사혁신처 시행

1 대표적인 반도체 메모리인 DRAM과 SRAM에 대한 설명으로 옳지 않은 것은?

① DRAM은 휘발성이지만 SRAM은 비휘발성이어서 전원이 공급되지 않아도 기억을 유지할 수 있다.

② DRAM은 축전기(Capacitor)의 충전상태로 비트를 저장한다.

③ SRAM은 주로 캐시 메모리로 사용된다.

④ 일반적으로 SRAM의 접근속도가 DRAM보다 빠르다.

2 정렬 알고리즘 중 최악의 경우를 가정할 때 시간복잡도가 다른 것은?

① 삽입 정렬(Insertion sort)

② 쉘 정렬(Shell sort)

③ 버블 정렬(Bubble sort)

④ 힙 정렬(Heap sort)

ANSWER 1.① 2.④

1 SRAM & DRAM

	SRAM(정적)	DRAM(동적)
메모리	휘발성 메모리	휘발성 메모리
구조	플립플롭	커패시터(Capacitor)
속도	빠름	느림
용량	적다	크다
가격	비쌈	저렴
재충전	불필요	필요
이용	캐시메모리	PC메모리

2

알고리즘	최선	평균	최악
삽입	O(n)	$O(n^2)$	$O(n^2)$
쉘	O(n)	$O(n^{1.5})$	$O(n^2)$
버블	$O(n^2)$	$O(n^2)$	$O(n^2)$
선택	$O(n^2)$	$O(n^2)$	$O(n^2)$
퀵	$O(n\log_2 n)$	$O(n\log_2 n)$	$O(n^2)$
힙	$O(n\log_2 n)$	$O(n\log_2 n)$	$O(n\log_2 n)$

3 **기계 학습에서 지도 학습과 비지도 학습에 대한 설명으로 옳은 것은?**

① 지도 학습의 대표적인 기법에는 군집화가 있다.

② 비지도 학습의 기법에는 분류와 회귀분석 등이 있다.

③ 지도 학습은 학습 알고리즘이 수행한 행동에 대해 보상을 받는 학습 방식이다.

④ 비지도 학습은 정답이 없는 데이터를 보고 유용한 패턴을 추출하는 학습 방식이다.

4 **무선주파수를 이용하며 반도체 칩이 내장된 태그와 리더기로 구성된 인식시스템은?**

① RFID

② WAN

③ Bluetooth

④ ZigBee

ANSWER 3.④ 4.①

3 ① 비지도 학습의 대표적인 기법에는 군집화가 있다.

② 지도 학습의 기법에는 분류와 회귀분석 등이 있다.

③ 강화 학습은 학습 알고리즘이 수행한 행동에 대해 보상(=강화)을 받는 학습 방식이다.

※ **기계학습** : 인공지능의 한 분야로 컴퓨터가 학습할 수 있도록 하는 알고리즘과 기술을 개발하는 분야

- **지도형 기계학습**
  - 입력값과 그에 따른 출력값이 있는 데이터를 이용하여 주어진 입력에 맞는 출력을 찾는 학습방법
  - 기법 : 회귀, 분류
  - 대표모델 : 선형회귀, 로지스틱 회귀, 결정 트리, 서포트 벡터 머신, 인공 신경망 등
- **비지도형 기계학습**
  - 입력값만 있는 훈련 데이터를 이용하여 입력들의 규칙성을 찾는 학습방법(문제의 답을 가르쳐 주지 않는 것)
  - 기법 : 군집분석, 의존구조, 벡터양자화, 데이터 차원 축소 등
  - 대표모델 : k평균 군집화, 베이즈망, 린데 · 부조 · 그레이, 주성분 분석
- **강화형 기계학습** : 지도형, 비지도형 기계학습에 이용되는 훈련 데이터 대신 주어진 상태에 맞춘 행동의 결과에 대한 보상하며 컴퓨터는 보상을 이용하여 성능 향상

4
- WAN : 국가 이상의 넓은 지역을 지원하는 네트워크(원거리 통신)
- Bluetooth : 근거리 무선 기술 표준(IEEE 802.15.1)
- ZigBee : 저속, 저비용, 저전력의 무선 망을 위한 기술(IEEE 802.15.4 표준)

5 클라우드 컴퓨팅에 대한 설명으로 옳지 않은 것은?

① 클라우드 컴퓨팅은 기업의 IT 요구를 매우 경제적이고, 신뢰성 있게 충족시킬 수 있는 수단이 된다.

② 클라우드 컴퓨팅 서비스 모델에는 IaaS, PaaS, SaaS가 있다.

③ 클라우드 컴퓨팅을 이용하는 방식에는 사설 클라우드, 공용 클라우드, 하이브리드 클라우드가 있다.

④ IaaS를 통해 사용자는 소프트웨어 설치 및 유지보수에 대한 비용을 절감할 수 있다.

ANSWER 5.④

5 • IaaS : 인터넷을 통해 서버와 스토리지 등 데이터센터 자원을 빌려 쓸 수 있는 서비스
• Paas : 소프트웨어 서비스를 개발할 때 필요한 플랫폼을 제공하는 서비스
• Saas : 필요할 때 원하는 비용만 내면 어디서든 바로 사용 가능한 서비스
(PC나 기업 서버에 소프트웨어 설치가 필요 없으며 소프트웨어 설치를 위해 비용과 시간을 들이지 않아도 된다.)

6 C 언어에서 함수 호출 시 매개변수 전달 방법에는 값에 의한 호출(Call by Value)과 참조에 의한 호출(Call by Reference)이 있다. C 프로그램 코드가 다음과 같을 때 설명으로 옳지 않은 것은?

```
int get_average(int score[], int n) {
    int i, sum;
    for(i = 0; i < n; i++)
        sum += score[i];
    return sum / n;
}
void main(void) {
     int score[3] = { 1, 2, 5 };
     printf("%d\n", get_average(score, 3));
}
```

① 전달할 데이터의 양이 많을 경우에는 참조에 의한 호출이 효율적이다.

② 값에 의한 호출로 전달된 데이터는 호출된 함수에서 값을 변경하더라도 함수 종료 후 해당 함수를 호출한 상위 함수에 반영되지 않는다.

③ 값에 의한 호출은 함수 호출 시 데이터 복사가 발생한다.

④ 위의 프로그램에서 함수 get_average()를 호출하는 데 사용한 매개변수 score는 값에 의한 호출로 처리된다.

ANSWER 6.④

6 ① 전달할 데이터의 양이 많을 경우에는 참조에 의한 호출이 효율적이다.
- int score[3] = { 1, 2, 5 }; → 참조에 의한 호출

② 값에 의한 호출로 전달된 데이터는 호출된 함수에서 값을 변경하더라도 함수 종료 후 해당 함수를 호출한 상위 함수에 반영되지 않는다. → 값에 의한 호출

③ 값에 의한 호출은 함수 호출 시 데이터 복사가 발생한다.
→ 값에 의한 호출

④ 위의 프로그램에서 함수 get_average()를 호출하는 데 사용한 매개변수 score는 참조에 의한 호출로 처리된다.
→ get_average는 배열을 입력으로 받기 때문에 참조에 의한 호출

- **값에 의한 호출**(Call by Value) : 인자의 값을 복사하여 처리
  - 함수 호출 시 실매개변수의 값이 형식 인자에 복사되어 저장실 매개변수와 형식 매개변수 사이에 값의 전달
  - 호출 함수의 실행이 끝난 다음 전달 받은 값을 되돌려 받지 못함.
  - 해당 변수에 값만 전달하여 이 값을 함수가 활용
  - 함수 내부에서 매개변수를 이용해 값을 변경해도 실제 호출된 변수의 값이 변경되지 않음
- **참조에 의한 호출**(Call by Reference) : 인자의 주소값을 참조하여 처리
  - 객체형(참조형) 인수는 참조에 의한 호출로 동작
  - 함수 호출시 매개변수에 값이 복사되지 않고 참조값이 매개변수에 저장되어 전달되는 방식
  - 함수 내에서 매개변수의 참조값으로 객체 값 변경 시 실제 전달된 참조형의 인수값도 바뀜

7 다음 C 프로그램에서 밑줄 친 코드의 실행 결과와 동일한 결과를 출력하는 코드로 옳은 것만을 모두 고르면?

```
#include <stdio.h>
int main()
{
    int ary[5] = {10, 11, 12, 13, 14};
    int *ap;
    ap = ary;
    printf( "%d" , ary[1]);
    return 0;
}
```

```
㉠ printf("%d", ary+1);
㉡ printf("%d", *ap+1);
㉢ printf("%d", *ary+1);
㉣ printf("%d", *ap++);
```

① ㉠, ㉡　　② ㉡, ㉢

③ ㉢, ㉣　　④ ㉡, ㉢, ㉣

ANSWER 7.②

7 ※ ary 배열 → int형 변수 5개(10,11,12,13,14) 할당

ap 변수 → ary 배열을 가리키는 배열 포인터

- printf("%d", ary[1]); → ary[1]의 값 11을 출력

10	11	12	13	14
ary[0]	ary[1]	ary[2]	ary[3]	ary[4]

- 포인터 ap → ary 배열의 첫 번째 주소 할당

포인터 *ap → ary 배열의 첫 번째 주소에 있는 값, 즉 *ap + 1 = 10 + 1 = 11

㉠ printf("%d", ary+1);
→ 데이터 값이 아닌 주소값이 들어 있어 11이 출력되지 않음.

㉡ printf("%d", *ap+1); → 11

㉢ printf("%d", *ary+1); → 11

㉣ printf("%d", *ap++);
→ ++가 변수 뒤에 붙으면 변수 실행을 완료한 뒤 값을 증가 시키므로 10이 출력됨.

8 **자료 흐름의 방향과 동시성 여부에 따라 분류한 통신 방식 중 다음에서 설명하는 통신 방식으로 옳은 것은? (단, DTE(Data Terminal Equipment)는 컴퓨터, 휴대폰, 단말기 등과 같이 통신망에서 네트워크의 끝에 연결된 장치들을 총칭하는 용어이다)**

> 통신하는 두 DTE가 시간적으로 교대로 데이터를 교환하는 방식의 통신으로, 한 DTE가 명령을 전송하면 다른 DTE가 이를 처리하여 그에 대한 응답을 전송하는 트랜잭션(Transaction) 처리 시스템에서 볼 수 있다.

① 단방향 통신
② 반이중 통신
③ 전이중 통신
④ 원거리 통신

9 **다음 라우팅 테이블에 대한 설명으로 옳지 않은 것은?**

목적지 네트워크	서브넷마스크	인터페이스
128.50.30.0	255.255.254.0	R1
128.50.28.0	255.255.255.0	R2
Default		R3

① 목적지 IP 주소가 128.50.30.92인 패킷과 128.50.31.92인 패킷은 서로 다른 인터페이스로 전달된다.
② 128.50.28.0 네트워크에 대한 브로드캐스트 주소는 128.50.28.255다.
③ 서브넷마스크 255.255.254.0은 CIDR 표기에 의해 /23으로 표현된다.
④ 이 라우터는 목적지 IP 주소가 128.50.28.9인 패킷을 R2로 전달한다.

ANSWER 8.② 9.①

8 • **단방향 통신**(Simplex) : 한쪽 방향으로만 전송이 가능한 방식 예 라디오, TV
• **전이중 통신**(Full-Duplex) : 동시에 양방향 전송이 가능한 방식으로, 전송량이 많고, 전송 매체의 용량이 클 때 사용 예 전화, 전용선을 이용한 데이터 통신
• **원거리 통신**(Wide Area Network) : LAN과 LAN을 연결, 즉 서로 멀리 떨어진 지역의 네트워크를 연결

9 ① R1 서브넷마스크(255.255.254.0)는 앞의 23자리가 같은 IP 인터페이스에서 전달되므로 목적지 IP 주소가 128.50.30.92인 패킷과 128.50.31.92인 패킷은 서로 같은 R1 인터페이스로 전달된다.
③ 서브넷마스크 255.255.254.0(11111111.11111111.11111110.00000000)은 CIDR 표기에 의해 /23으로 표현된다.
※ • **라우팅 테이블** : 컴퓨터 네트워크에서 목적지 주소를 목적지에 도달하기 위한 네트워크 노선으로 변환시키는 목적으로 사용
• **서브넷마스크** : 주어진 IP 주소를 네트워크 환경에 맞게 나누어 주기 위해 쓰이는 이진수의 조합
• **CIDR 표기** : 서브넷 마스크의 연속된 1의 개수를 /n 형태로 표현

10 3단계 데이터베이스 구조에서 개념 스키마에 대한 설명으로 옳은 것만을 모두 고르면?

> ㉠ 데이터베이스를 운영하는 기관에 소속되어 있는 모든 응용시스템 또는 사용자들이 필요로 하는 데이터를 통합하여 정의한 조직 전체 데이터베이스의 논리 구조를 말한다.
> ㉡ 개념 스키마와 외부 스키마 사이에는 논리적 데이터 독립성이 있어야 한다.
> ㉢ 데이터베이스 내에는 하나의 개념 스키마만 존재한다.
> ㉣ 데이터에 대한 접근권한, 제약조건 등에 대한 정의도 포함한다.

① ㉠, ㉡
② ㉠, ㉢
③ ㉡, ㉢, ㉣
④ ㉠, ㉡, ㉢, ㉣

11 TCP(Transmission Control Protocol) 기반 응용 프로토콜에 해당하지 않는 것은?

① Telnet
② FTP
③ SMTP
④ SNMP

ANSWER 10.④ 11.④

10 개념 스키마
- 데이터베이스의 전체적인 논리적 구조
- 모든 응용 프로그램이나 사용자들이 필요로 하는 데이터를 종합한 조직 전체의 데이터베이스로 하나만 존재
- 개체 간의 관계와 제약 조건 명시(데이터베이스의 접근권한, 보안 및 무결성 규칙에 관한 명세 정의)
- 기관이나 조직체의 관점에서 데이터베이스를 정의

11 TCP & UDP

	TCP (Transmission Control Protocol)	UDP (user datagram protocol)
특징	• IP프로토콜 위에서 연결형 서비스를 지원하는 전송계층 프로토콜. -연결지향적 -신뢰성 있는 프로토콜 전이중 방식의 양방향 가상 회선을 제공	• 인터넷에서 정보를 주고 받을 때, 서로 주고 받는 형식이 아닌 한쪽에서 일방적으로 보내는 방식의 통신 프로토콜 -비신뢰성 프로토콜 -비연결지향적
응용계층	TELNET, FTP, SMTP, HTTP	SNMP, TFTP, NFS, DNS

12 운영체제에서 프로세스의 정보를 관리하는 프로세스 제어블록(Process Control Block)의 포함 요소로 옳지 않은 것은?

① 프로세스 식별자
② 인터럽트 정보
③ 프로세스의 우선순위
④ 프로세스의 상태

13 SSD(Solid-State Drive)에 대한 설명으로 옳지 않은 것은?

① 반도체 기억장치 칩들을 이용하여 구성된 저장장치이다.
② 하드디스크에 비해 저장용량 대비 가격이 비싸다.
③ 기계적 장치를 사용하여 하드디스크보다 데이터 입출력 속도가 빠르다.
④ 하드디스크를 대체하려고 개발한 저장장치로서 플래시 메모리로 구성된다.

ANSWER 12.② 13.③

12 • 프로세스 제어블록(Process Control Block) : 프로세스를 실행하는 데 필요한 정보를 보관하는 자료 구조.
• 프로세스 제어블록(Process Control Block)의 구성 : 프로세스 식별자, 포인터, 프로세스 상태, 프로세스 구분자, 프로그램 카운터, 프로세스 우선순위, 계정정보, 메모리 관리 정보, 할당된 자원 정보

13 SSD(Solid-State Drive) : 하드디스크를 대체하는 고속의 보조기억장치

	재료	속도	회전소음	전력소모	충격
HDD	자기디스크	보통	있음	비교적 많음	약함
SSD	반도체메모리	빠름	없음	적음	강함

14 다음 후위 표기 식을 전위 표기 식으로 변환하였을 때 옳은 것은?

3 1 4 1 − * +

① 3 + 1 * 4 − 1

② 4 − 1 * 1 + 3

③ + 3 * 1 − 4 1

④ + 3 − 4 1 * 1

15 운영체제의 세마포어(Semaphore)에 대한 설명으로 옳지 않은 것은?

① 프로세스 간 상호배제(Mutual Exclusion)의 원리를 보장하는 데 사용된다.

② 여러 개의 프로세스가 동시에 그 값을 수정하지 못한다.

③ 세마포어에 대한 연산은 수행 중에 인터럽트 될 수 있다.

④ 세마포어는 플래그 변수와 그 변수를 검사하거나 증감시키는 연산들로 정의된다.

ANSWER 14.③ 15.③

14 • **후위(Postfix) 표기식**: 피연산자를 먼저 쓰고 연산자를 맨 뒤에 쓰는 표기법

• **전위(Prefix) 표기식**: 연산자를 먼저 쓰고 피연산자를 뒤에 쓰는 표기법

3 1 4 1 −＊+

㉠ 4 1 − ⇒ − 4 1

㉡ 1 -41＊ ⇒ ＊1 -41

㉢ 3＊1−41 + ⇒ + 3＊1−41

15 세마포어(Semaphore)

• 상호배제를 위한 알고리즘

• 상호배제의 원리 보장

• 여러 개의 프로세스가 동시에 그 값을 수정하지 못함

• 세마포어에 대한 연산은 처리 중에 인터럽트 되어서는 안됨

16 소프트웨어에 대한 ISO/IEC 품질 표준 중에서 프로세스 품질 표준으로 옳은 것은?

① ISO/IEC 12119

② ISO/IEC 12207

③ ISO/IEC 14598

④ ISO/IEC 25010

17 블록체인(Block Chain)에 대한 설명으로 옳지 않은 것은?

① 블록에는 트랜잭션(Transaction)이 저장되어 있다.

② 스마트 컨트랙트(Smart Contract)는 실세계의 계약이 블록체인에서 이루어질 수 있도록 하는 기술이다.

③ 중앙 서버를 통해 전파된 블록은 네트워크에 참가한 개별 노드에서 유효성을 검증받은 후, 중앙 서버로 다시 전송된다.

④ 블록체인은 공개범위에 따라 Public 블록체인과 Private 블록체인으로 나눌 수 있다.

ANSWER 16.② 17.③

16 ① ISO/IEC 12119 : 패키지 소프트웨어 평가, 패키지 소프트웨어 제품테스트 국제 표준

③ ISO/IEC 14598 : 소프트웨어 제품 평가, ISO/IEC 9126 사용을 위한 절차와 기본 상황 및 소프트웨어 평가 프로세스에 대한 표준 규정

④ ISO/IEC 25010 : 소프트웨어 제품에 대한 국제 표준(호환성과 보안성 강화)

17 블록체인(Block Chain)

- 데이터 분산 처리기술
- P2P(개인과 개인의 거래)방식으로 중앙관리자(중앙서버)가 필요 없음

18 아래의 고객 릴레이션에서 등급이 gold이고 나이가 25 이상인 고객들을 검색하기 위해 기술한 관계대수 표현으로 옳은 것은?

〈고객 릴레이션〉

고객				
고객아이디	이름	나이	등급	직업
hohoho	이순신	29	gold	교사
grace	홍길동	24	gold	학생
mango	삼돌이	27	silver	학생
juce	갑순이	31	gold	공무원
orange	강감찬	23	silver	군인

〈검색결과〉

고객아이디	이름	나이	등급	직업
hohoho	이순신	29	gold	교사
juce	갑순이	31	gold	공무원

① σ고객(등급 = 'gold' ∧ 나이 ≥ 25)
② σ등급 = 'gold' ∧ 나이 ≥ 25(고객)
③ π고객(등급 = 'gold' ∧ 나이 ≥ 25)
④ π등급 = 'gold' ∧ 나이 ≥ 25(고객)

ANSWER 18.②

18 • 릴레이션 : 행과 열로 구성된 테이블
• 튜플 : 릴레이션의 행에 해당하는 요소
• 속성 : 릴레이션의 열에 해당하는 요소
• Select(σ) : 릴레이션에서 선택 조건을 만족하는 튜플의 부분집합을 구하여 새로운 릴레이션으로 만드는 연산
－릴레이션의 행에 해당하는 튜플을 구함 = 수평 연산
－연산자 기호 : 시그마(σ)
－표기형식 : $\sigma_{조건}$(R)
• Project(π) : 주어진 릴레이션에서 속성 리스트에 제시된 속성값만 추출하여 새로운 릴레이션을 만드는 연산
－릴레이션의 열에 해당하는 속성을 추출 = 수직 연산
－연산자 기호 : 파이(π)
－표기형식 : $TV_{속성리스트}$(R)

19 (가)에 들어갈 어드레싱 모드로 옳은 것은?

> (가) 는 명령어가 피연산자의 주소를 가지고 있는 레지스터를 지정한다. 즉, 선택된 레지스터는 피연산자 그 자체가 아니라 피연산자의 주소이다. 일반적으로 이 모드를 사용할 때에 프로그래머는 이전의 명령어에서 레지스터가 피연산자의 주소를 가졌는지를 확인해 보아야 한다.

① 레지스터 간접 모드(Register Indirect mode)

② 레지스터 모드(Register mode)

③ 간접 주소 모드(Indirect Addressing mode)

④ 인덱스 어드레싱 모드(Indexed Addressing mode)

20 디스크 큐에 다음과 같이 I/O 요청이 들어와 있다. 최소탐색시간우선(SSTF) 스케줄링 적용 시 발생하는 총 헤드 이동 거리는? (단, 추가 I/O 요청은 없다고 가정한다. 디스크 헤드는 0부터 150까지 이동 가능하며, 현재 위치는 50이다)

> 큐: 80, 20, 100, 30, 70, 130, 40

① 100　② 140

③ 180　④ 430

ANSWER 19.①　20.②

19 • 어드레싱 모드 : 피연산자가 지정되는 방법
- 레지스터 모드(Register mode) : CPU내의 레지스터에 피연산자가 존재
- 간접 주소 모드(Indirect Addressing mode) : 유효주소 명령어의 주소필드가 가리키는 주소에 존재
- 인덱스 어드레싱 모드(Indexed Addressing mode) : 명령어의 주소부분이 메모리에서 데이터 배열이 시작되는 주소로 표현

20 초기 헤드의 위치 : 50
- 이동순서 : 50 → 40 → 30 → 20 → 70 → 80 → 100 → 130
- 총 이동 거리 : 10 + 10 + 10 + 50 + 10 + 20 + 30 = 140

※ 최소탐색시간우선(SSTF) 스케줄링 … 현재의 헤드 위치에서 가장 가까운 입출력 요청을 먼저 서비스하며 진행 방향과 상관없이 헤드의 탐색거리가 가장 짧은 쪽으로 우선 서비스.

컴퓨터일반

2022. 6. 18. 제1회 지방직 시행

1 컴퓨터 알고리즘의 조건에 대한 설명으로 옳지 않은 것은?

① 각 명령어의 의미는 모호하지 않고 명확해야 한다.
② 알고리즘 단계들에는 순서가 정해져 있지 않다.
③ 한정된 수의 단계 후에는 반드시 종료되어야 한다.
④ 각 명령어들은 실행 가능한 연산이어야 한다.

2 다음에서 설명하는 빅데이터의 3대 특징으로 옳지 않은 것은?

> 빅데이터는 대용량의 데이터 집합으로부터 가치 있는 정보를 효율적으로 추출하고 결과를 분석하는 기술이다.

① 센싱 기술 등을 활용하여 사물과 주위 환경으로부터 정보 획득(sensor)
② 방대한 양의 데이터 처리(volume)
③ 정형 데이터와 비정형 데이터 등 다양한 유형의 데이터로 구성(variety)
④ 실시간으로 생산되며 빠른 속도로 수집 및 분석(velocity)

ANSWER 1.② 2.①

1 ① 각 명령어의 의미는 모호하지 않고 명확해야 한다(명확성).
③ 한정된 수의 단계 후에는 반드시 종료되어야 한다(유한성).
④ 각 명령어들은 실행 가능한 연산이어야 한다(유효성).
※ 알고리즘의 조건 … 입력, 출력, 명확성, 유한성, 유효성

2 빅데이터의 특징(3V)
- 데이터의 양(Volume)
- 데이터 생성 속도(Velocity)
- 형태의 다양성(Variety)

3 다음 자료를 오름차순으로 삽입 정렬(insertion sort)하는 과정에서 나올 수 없는 경우는?

3 1 4 2 9 5

① 1 3 4 2 9 5
② 1 2 3 4 9 5
③ 3 1 5 2 4 9
④ 1 2 3 4 5 9

4 소프트웨어의 화이트박스 테스트에 대한 설명으로 옳지 않은 것은?

① 글래스 박스(Glass-box) 테스트라고 부른다.
② 소프트웨어의 내부 경로에 대한 지식을 보지 않고 테스트 대상의 기능이나 성능을 테스트하는 기술이다.
③ 문장 커버리지, 분기 커버리지, 조건 커버리지 등의 검증 기준이 있다.
④ 모듈의 논리적인 구조를 체계적으로 점검하기 때문에 구조적 테스트라고도 한다.

ANSWER 3.③ 4.②

3 • 삽입정렬 : 아직 정렬되지 않은 임의의 데이터를 이미 정렬된 부분의 적절한 위치에 삽입해 가며 정렬하는 방식
〈보기〉 314295
1회 → 134295
2회 → 134295
3회 → 123495
4회 → 123495
5회 → 123459

4

화이트박스 테스트	블랙박스 테스트 = 기능 테스트
응용 프로그램의 내부구조와 동작을 검사하는 소프트웨어 테스트 종류 : 구문커버리지, 결정커버리지, 조건커버리지, 조건/결정 커버리지, 변경 조건/결정 커버리지, 다중 조건 커버리지 테스트	소프트웨어가 수행할 특정 기능을 알기 위해서 각 기능이 완전히 작동되는 것을 입증하는 테스트 종류 : 동치분할검사, 경계값분석, 원인-효과 그래프검사, 오류예측검사, 비교검사

5 16진수 210을 8진수로 변환한 것은?

① 1020

② 2100

③ 10210

④ 20100

6 은행원 알고리즘(banker's algorithm)이 교착상태를 해결하는 방법은?

① 예방

② 회피

③ 검출

④ 회복

ANSWER 5.① 6.②

5 2/1/0(16) → 2진수 : 0010/0001/0000

2				1				0			
8	4	2	1	8	4	2	1	8	4	2	1
0	0	1	0	0	0	0	1	0	0	0	0

001/000/010/000(2) → 8진수 : 1020

0	0	1	0	0	0	0	1	0	0	0	0
4	2	1	4	2	1	4	2	1	4	2	1
1			0			2			0		

6 교착상태 회피 : 자원이 어떻게 요청될지에 대한 추가정보를 제공하도록 요구하는 것으로 시스템에 순환대기가 발생하지 않도록 자원 할당 상태 검사

※ 은행원 알고리즘

- 은행에서 모든 고객의 요구가 충족되도록 현금을 할당하는데 유리한 기법
- 프로세스가 자원을 요구하는 경우에 시스템은 자원을 할당한 이후 안정상태로 있는지 사전에 검사하여 교착을 회피하며 안정적인 상태에 있는 경우 자원을 할당하고 그렇지 않은 경우 다른 작업이 자원을 해지할 때까지 대기함

7 다음 OSI 7계층 중 물리 계층에 해당하는 장치를 모두 고른 것은?

㉠ 리피터(Repeater)	㉡ 더미허브(Dummy Hub)
㉢ 라우터(Router)	㉣ 게이트웨이(Gateway)
㉤ 브릿지(Bridge)	

① ㉠, ㉡ ② ㉠, ㉢
③ ㉡, ㉣ ④ ㉣, ㉤

8 이미지 표현을 위한 RGB 방식과 CMYK 방식에 대한 설명으로 옳은 것은?

① CMYK 방식은 가산 혼합 모델로 빛이 하나도 없을 때 검은색을 표현한다.
② CMYK 방식에서 C는 Cyan을 의미한다.
③ RGB 방식은 주로 컬러 프린터, 인쇄, 페인팅 등에 적용된다.
④ RGB 방식에서 B는 Black을 의미한다.

ANSWER 7.① 8.②

7 OSI 계층 구조

7. Aplication	• 사용자에게 서비스 제공/직접 상호 작용 • HTTP/TELNET/SNMP/POP/FTP/DNS
6. presentation	• 데이터 변환작업 • JPEG/MPEG/ASCII
5. session	• 네트워크 대화 조정자, 응용프로그램 간 상호작용 설정, 유지, 동기화 • SSH/NetBIOS
4. transport	• 서비스 구분 및 데이터의 전송방식 담당 • TCP/UDP/SSL
3. network	• 네트워크를 논리적으로 구분하고 연결 • ARP/IPSEC/ICMP/IP
2. data link	• 이웃노드 간 데이터 전송 제공 • MAC/LAN/브리지/스위치/이더넷
1. physical	• 신호로 변환하여 전송 • 리피터/허브/케이블

8

RGB	CMYK
• 빛의 3원색(Red, Green, Blue) • 색이 혼합 될수록 밝아짐 • 가산 혼합 방식 • 웹디자인 화면용, 모니터, 디스플레이, 핸드폰 화면 이미지	• 색의 3원색(Cyan, Magenta, Yellow)에 검정을 더한 컬러 모드 • 색의 3원색을 모두 섞어도 순수한 검정이 나오지 않음 • 인쇄 목적의 이미지 제작에 사용 • 책, 광고물, 신문 등 인쇄물

9 다음은 A 계좌에서 B 계좌로 3,500원을 이체하는 계좌 이체 트랜잭션 T_1과, C 계좌에서 D 계좌로 5,200원을 이체하는 계좌 이체 트랜잭션 T_2가 순차적으로 수행되면서 기록된 로그파일 내용이다. ㈎의 시점에서 장애가 발생했을 경우 지연 갱신 회복 기법을 적용했을 때 트랜잭션에 대한 회복조치로 옳은 것은?

> 1: 〈T_1, start〉
> 2: 〈T_1, A, 7800〉
> 3: 〈T_1, B, 3500〉
> 4: 〈T_1, commit〉
> 5: 〈T_2, start〉
> 6: 〈T_2, C, 9820〉
> ———————— ㈎ ————————
> 7: 〈T_2, D, 5200〉
> 8: 〈T_2, commit〉

① T_1, T_2 트랜잭션 모두 별다른 조치를 수행하지 않는다.
② T_1 트랜잭션의 로그 내용을 무시하고 버린다.
③ T_1 트랜잭션에는 별다른 회복조치를 하지 않지만, T2 트랜잭션에는 redo(T2) 연산을 실행한다.
④ T_2 트랜잭션에는 별다른 회복조치를 하지 않지만, T1 트랜잭션에는 redo(T1) 연산을 실행한다.

ANSWER 9.④

9 회복을 위한 연산
- redo(재실행) : 가장 최근에 저장한 데이터베이스 복사본을 가져온 후 로그를 이용해 복사본이 만들어진 이후에 실행된 모든 변경 연산을 재실행하여 장애가 발생하기 직전의 데이터베이스 상태로 복구
- undo(취소) : 로그를 이용해 지금까지 실행된 모든 변경 연산을 취소하여 데이터베이스를 원래의 상태로 복구

10 다음에 해당하는 CMMI(Capability Maturity Model Integration) 모델의 성숙 단계로 옳은 것은? (단, 하위 성숙 단계는 모두 만족한 것으로 가정한다)

• 요구사항 개발	• 조직 차원의 프로세스 정립
• 기술적 솔루션	• 조직 차원의 교육훈련
• 제품 통합	• 통합 프로젝트 관리
• 검증	• 위험관리
• 확인	• 의사 결정 분석 및 해결
• 조직 차원의 프로세스 개선	

① 2단계

② 3단계

③ 4단계

④ 5단계

ANSWER 10.②

10 CMMI : 기존 CMM 모델을 통합하고 ISO155054(SPICE)를 준수하는 SW 개발 능력/성숙도 평가 및 프로세스 개선 활동 품질 개선 모델

※ **CMMI 단계적 표현방법** : 5단계의 성숙단계가 있으며 하위 성숙 단계는 상위 성숙 단계의 기초를 제공함

단계	표현방법
1단계 (초기)	프로세스 없음, 예측, 통제 불가능
2단계 (관리)	규칙화된 프로세스
3단계 (정의)	표준화된 프로세스, 조직 차원의 표준 프로세스를 통한 프로젝트 지원
4단계 (정량)	예측 가능한 프로세스, 정량적으로 프로세스가 측정/통제
5단계 (최적화)	지속적 개선 프로세스, 프로세스 개선 활동

11 다음은 정논리를 사용하는 JK 플립플롭의 진리표이다. ㈎~㈑에 들어갈 내용으로 옳은 것은? (단, Q'은 Q의 반댓값을 의미한다)

CP	J	K	다음상태 Q
↑	0	0	㈎
↑	0	1	㈏
↑	1	0	㈐
↑	1	1	㈑

	㈎	㈏	㈐	㈑
①	Q	1	0	Q'
②	Q'	1	0	Q
③	Q	0	1	Q'
④	Q'	0	1	Q

ANSWER 11.③

11

CP	J	K	다음상태 Q	동작
↑	0	0	Q	불변
↑	0	1	0	Reset(0)
↑	1	0	1	Set(1)
↑	1	1	Q'	반전

12 다음 SQL(Structured Query Language)문으로 생성한 테이블에 내용을 삽입할 때 올바르게 동작하지 않는 SQL 문장은?

```
CREATE TABLE Book (ISBN CHAR(17) PRIMARY KEY, TITLE VARCHAR(30) NOT NULL,
PRICE INT NOT NULL, PUBDATE DATE, AUTHOR VARCHAR(30));
```

① INSERT INTO Book (ISBN, TITLE, PRICE, AUTHOR) VALUES ('978-89-8914-892-1', '데이터베이스 개론', 20000, '홍길동');

② INSERT INTO Book VALUES ('978-89-8914-892-2', '데이터베이스 개론', 20000, '2022-06-18', '홍길동');

③ INSERT INTO Book (ISBN, TITLE, PRICE) VALUES ('978-89-8914-892-3', '데이터베이스 개론', 20000);

④ INSERT INTO Book (ISBN, TITLE, AUTHOR) VALUES ('978-89-8914-892-4', '데이터베이스 개론', '홍길동');

13 패킷 교환 네트워크에 대한 설명으로 옳지 않은 것은?

① 패킷 크기는 옥텟(Octet) 단위로 사용한다.

② 네트워크로 전송되는 모든 데이터는 송 · 수신지 정보를 포함하는 패킷들로 구성된다.

③ 패킷 교환 방식은 접속 방식에 따라 데이터그램 방식과 가상회선 방식이 있다.

④ 패킷 교환 네트워크에서는 동시에 2쌍 이상의 통신이 불가능하다.

ANSWER 12.④ 13.④

12 필수값인 PRICE 문이 생략되어 동작되지 않는다.

13 • 패킷 교환 네트워크 : 송신 측에서 모든 메시지를 일정한 크기의 패킷으로 분해해서 전송하고 수신측에서 이를 원래의 메시지로 조립하는 것으로 회선 이용률이 높고 속도 변환, 프로토콜 변환 가능, 음성 통신이 가능하며 신뢰성이 높다.

• 패킷 교환의 특징

−채널 : 가상회선, 데이터 그램 교환 채널 사용

−다중화 : 패킷을 여러 경로로 공유

14 인터럽트에 대한 설명으로 옳지 않은 것은?

① 내부 인터럽트가 발생하면 컴퓨터는 더 이상 프로그램을 실행할 수 없다.

② 프로세서는 인터럽트 요구가 있으면 현재 수행 중인 프로그램의 주소 값을 스택이나 메모리의 0번지와 같은 특정 장소에 저장한다.

③ 신속하고 효율적인 인터럽트 처리를 위하여 컴퓨터는 항상 인터럽트 요청을 승인하도록 구성된다.

④ 인터럽트 핸들러 또는 인터럽트 서비스 루틴은 인터럽트 소스가 요청한 작업에 대한 프로그램으로 기억장치에 적재되어야 한다.

ANSWER 14.③

14 인터럽트(Interrupt)…프로그램을 실행하는 도중에 예기치 않은 상황이 발생할 경우 현재 실행 중인 작업을 즉시 중단하고 발생된 상황을 우선 처리한 후 실행 중이던 작업으로 복귀하여 처리하는 것

㉠ **인터럽트(Interrupt) 우선순위**: 여러 장치에서 인터럽트가 동시에 발생하거나 인터럽트 서비스 루틴 수행 중 인터럽트가 발생했을 경우 우선순위에 따라 처리

㉡ **인터럽트(Interrupt) 처리과정**

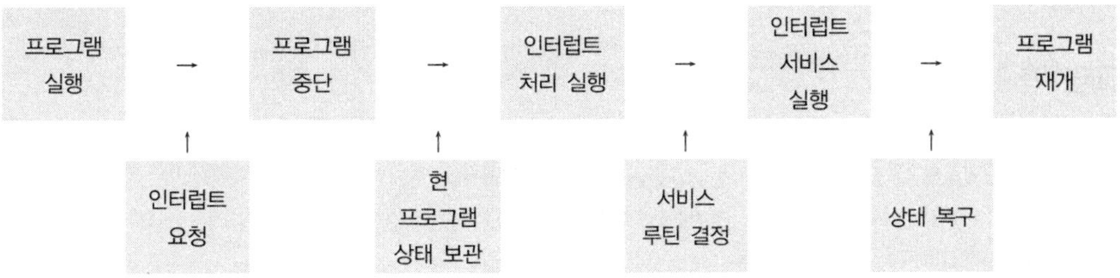

15 다음 C 프로그램을 실행하면서 사용자가 1, 2, 3, 4를 차례대로 입력했을 때, 출력 결과는?

```
#include <stdio.h>

int main()
{
   int ary[4];
   int sum = 0;
   int i;

   for (i = 0; i < 4; i++) {
      printf("%d번 째 값을 입력하시오 : ", i + 1);
      scanf("%d", &ary[i]);
   }

   for (i = 3; i > 0; i--)
      sum += ary[i];

   printf("%d ₩n", sum);
   return 0;
}
```

① 3
② 6
③ 9
④ 10

ANSWER 15.③

15 i++ 전위증가 : I의 값이 1 증가된 후 증가된 값을 의미
++i 후위증가 : 먼저 해당 연산 수행 후, I 값을 1 증가 시킴.
전위증가에서는 I가 1증가한 뒤, 증가한 값을 j가 리턴받아 2를 출력하며, 후위 증가에서는 I가 1 증가하지만, j는 증가하기 전 값인 1을 리턴받아 출력한다.

16 **그림은 TCP Tahoe에서 데이터 전송에 따른 혼잡 윈도우(cwnd, 단위 : MSS)의 크기 변화를 나타낸다. 혼잡 윈도우값이 18일 때의 전송에서 Time-out이 발생했을 때, 느린 출발(slow-start) 임곗값과 혼잡 윈도우값 변화로 옳은 것은?**

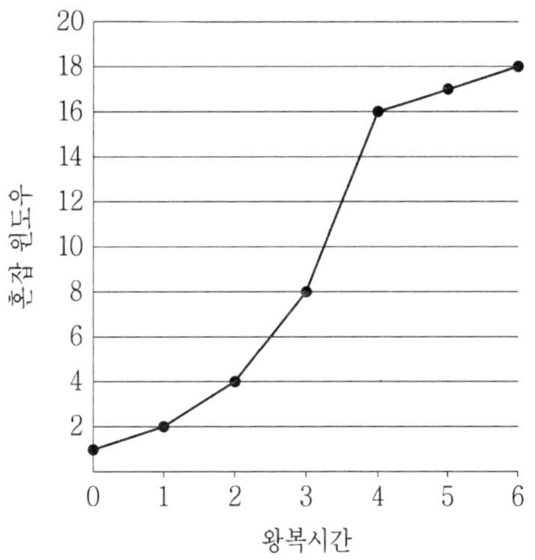

① 임곗값은 변하지 않고, 혼잡 윈도우값은 1로 감소한다.

② 임곗값이 9가 되고, 혼잡 윈도우값은 1로 감소한다.

③ 임곗값이 9가 되고, 혼잡 윈도우값은 현재 값의 반으로 감소한다.

④ 임곗값은 변하지 않고, 혼잡 윈도우값은 현재 값의 반으로 감소한다.

ANSWER 16.②

16 Tahoe … 초기에 느린 출발(slow-start)을 시작하여 패킷을 송수신하다가, Time-out이 발생하였을 때, 윈도우 임계치를 패킷 손실전의 윈도우 크기의 반(cwnd/2)으로 설정한 후, 혼잡 윈도우를 1로 하여 느린 출발(slow-start)을 실행

- 느린 출발(slow-start) 임곗값 = 윈도우 값(18) / 2 = 9
- 윈도우 = 1

17 다중 프로그래밍 환경에서 연속 메모리 할당 방법에 대한 설명으로 옳지 않은 것은?

① 가변분할 메모리 할당은 프로세스의 크기에 따라 메모리를 나누는 것으로 단편화 문제가 발생하지 않는다.
② 가변분할 메모리 할당의 메모리 배치방법으로는 최초 적합, 최적 적합, 최악 적합 방법이 있다.
③ 고정분할 메모리 할당은 프로세스의 크기와 상관없이 메모리를 같은 크기로 나누는 것이다.
④ 고정분할 메모리 할당에서는 쓸모없는 공간으로 인해 메모리 낭비가 발생할 수 있다.

18 병렬 프로세서에 대한 설명으로 옳지 않은 것은?

① 프로세스 수준 병렬성은 다수의 프로세서를 이용하여 독립적인 프로그램 여러 개를 동시에 수행한다.
② 클러스터는 근거리 네트워크를 통하여 연결된 컴퓨터들이 하나의 대형 멀티 프로세서로 동작하는 시스템이다.
③ 공유 메모리 프로세서(SMP)는 단일 실제 주소 공간을 갖는 병렬 프로세서를 의미한다.
④ 각 프로세서의 메모리 접근법 분류에 따르면 UMA는 약결합형 다중처리기 시스템, NUMA 및 NORMA는 강결합형 다중처리기 시스템에 해당한다.

ANSWER 17.① 18.④

17

고정분할 방식	가변분할 방식
• 동시에 메모리에 올릴 수 있는 프로그램의 수가 고정되어 있으며 수행 가능한 프로그램의 최대 크기 또한 제한됨 • 융통성이 떨어짐 • 외부조각과 내부조각 문제 발생	• 메모리에 적재되는 프로그램의 크기에 따라 분할의 크기, 개수가 동적으로 변하는 방식 • 프로세스에 딱 맞게 메모리 공간을 사용하기에 내부조각 문제는 발생하지 않음 • 외부 조각 문제 발생 • 메모리 배치방법(최초, 최적, 최악적합)

18
- 공유 메모리 프로세서(SMP) : 대칭형 다중처리
  운영체제와 메모리를 공유하는 여러 프로세서가 프로그램을 수행하는 것
- NUMA(Non-Uniform Memory Access) : 비균등 메모리 엑세스
  몇 개의 마이크로프로세스들 간에 중간 단계의 공유 메모리를 추가함으로써, 모든 데이터 액세스가 주버스 상에서 움직이지 않아도 되도록 하는 것

19 다음 C 프로그램의 실행 결과로 옳은 것은?

```
#include <stdio.h>

int star = 10;

void printStar() {
   printf("%d ₩n", star);
}

int main()
{
   int star = 5;

   printStar();
   printf("%d ₩n", star);
   return 0;
}
```

① 5	5
② 5	10
③ 10	5
④ 10	10

ANSWER 19.③

19 • 지역변수 : 변수를 선언한 함수 안에서만 사용할 수 있는 변수, 이름 중복사용 가능
• 전역변수 : 변수를 선언한 프로그램 전체 영역에서 사용할 수 있는 변수
한번 선언 하면 프로그램 전체 영역에서 사용 가능하며 지역변수와 전역변수의 이름이 같을 경우 지역변수가 전역변수보다 우선순위를 가짐

20 다음과 같이 P1, P2, P3, P4 프로세스가 동시에 준비 상태 큐에 도착했을 때 SJF(Shortest Job First) 스케줄링 알고리즘에서 평균 반환시간과 평균 대기시간을 바르게 연결한 것은? (단, 프로세스 간 문맥교환에 따른 오버헤드는 무시하며, 주어진 4개의 프로세스 외에 처리할 다른 프로세스는 없다고 가정한다)

프로세스	실행시간
P1	5
P2	6
P3	4
P4	9

	평균 반환시간	평균 대기시간
①	6	6
②	6	7
③	13	6
④	13	7

ANSWER 20.④

20 • SJF 스케줄링 알고리즘
- 준비 큐에서 기다리는 프로세스 중 실행시간이 가장 짧다고 예상된 것을 먼저 디스패치하여 실행하는 비선점 알고리즘
- 일괄처리 환경에서 구현하기 쉬운 알고리즘으로 실행할 프로세스의 CPU 소요시간이 미리 주어짐

4 → 5 → 6 → 9

• 평균 대기시간 (0+4+9+15)/4=7

• 평균 반환시간 (4+9+15+24)/4=13

• SJF 스케줄링 알고리즘의 문제점은 실행 예정 시간 길이를 사용자의 추정치에 의존하기 때문에 실제로는 먼저 처리할 작업의 CPU 시간을 예상할 수 없어 대화형 시스템에서는 사용하지 않는다.

컴퓨터일반 2023. 4. 8. 인사혁신처 시행

1 **병렬 처리를 수행하는 기법으로 옳지 않은 것은?**

① 블루-레이 디스크 ② VLIW

③ 파이프라인 ④ 슈퍼스칼라

2 **인터넷 통신에서 IP 주소를 동적으로 할당하는 데 사용되는 것은?**

① TCP ② DNS

③ SOAP ④ DHCP

ANSWER 1.① 2.④

1 블루-레이 디스크(Blu-ray Disc) : 고선명(HD) 비디오를 위한 디지털 데이터를 저장할 수 있도록 소니가 주도하는 BDA (블루레이 디스크 협회, Blu-ray Disc Association)에서 정한 광 기록 방식 저장매체

※ 병렬처리 수행기법

㉠ VLIW(Very Long Instruction Word) : 여러 opcode 필드가 있는 긴 명령어 하나에 독립적인 연산 여러개를 정의하고 이들을 한꺼번에 내보내는 명령어 구조 집합의 종류

㉡ 파이프라인 : 한 데이터 처리 단계의 출력이 다음 단계의 입력으로 이어지는 형태로 연결된 구조

㉢ 슈퍼스칼라(superscalar) : CPU 내에 파이프라인을 여러 개 두어 명령어를 동시에 실행하는 기술

2
- DHCP(Dynamic Host Configuration Protocol) : 동적 호스트 구성 프로토콜로 호스트 IP 구성 관리를 단순화하는 IP 표준으로 DHCP 서버를 사용하여 IP 주소 및 관련된 기타 구성 세부 정보를 네트워크의 DHCP 사용 클라이언트에게 동적으로 할당하는 방법을 제공
- TCP(Transmission Control Protocol) : IP 프로토콜 위에서 연결형 서비스를 지원하는 전송계층 프로토콜
- DNS(Domain Name System) : 호스트의 도메인 이름을 호스트의 네트워크 주소로 바꾸거나 그 반대의 변환을 수행할 수 있도록 하기 위해 개발
- SOAP(Simple Object Access Protocol) : 웹서비스를 실제로 이용하기 위한 객체 간의 통신규약으로 인터넷을 통하여 웹서비스가 통신할 수 있게 하는 역할을 담당하는 기술

3 **UDP 프로토콜에 대한 설명으로 옳지 않은 것은?**

① 흐름 제어가 필요없는 비신뢰적 통신에 사용한다.

② 순차적인 데이터 전송을 통해 전송을 보장한다.

③ 비연결지향으로 송신자와 수신자 사이에 연결 설정 없이 데이터 전송이 가능하다.

④ 전송되는 데이터 중 일부가 손실되는 경우 손실 데이터에 대한 재전송을 요구하지 않는다.

4 **플린(Flynn)의 분류법에 따른 병렬 프로세서 구조 중 MIMD(Multiple Instruction stream, Multiple Data stream) 방식에 속하지 않는 것은?**

① 클러스터

② 대칭형 다중 프로세서

③ 불균일 기억장치 액세스

④ 배열 프로세서

ANSWER 3.② 4.④

3 • UDP(User Datagram Protocol) **프로토콜**: 전송계층 프로토콜, 비연결지향, 비신뢰적 통신 사용, 체크섬 오류검사 사용 및 흐름제어 기능 없음

4 • **병렬 컴퓨터**: 다수의 CPU를 병렬로 처리해 초고속으로 작업을 수행하는 컴퓨터
• SIMD(Single Instruction Multiple Data): 모든 CPU가 같은 프로그램을 수행하지만 병렬적으로 다른 데이터를 처리하는 배열 처리기 구조
• MIMD(Multiple Instruction stream, Multiple Data stream): 각각의 CPU가 서로 다른 프로그램을 수행하면서 서로 다른 데이터를 처리하는 구조

5 컴퓨터의 구성요소에 대한 설명으로 옳은 것만을 모두 고르면?

> ㉠ 입출력장치는 기계적 동작을 수반하기 때문에 동작 속도가 주기억장치보다 빠르다.
> ㉡ 중앙처리장치는 명령어 실행단계에서 제어장치, 내부 레지스터, 연산기를 필요로 한다.
> ㉢ 중앙처리장치는 명령어 인출단계에서 인출된 명령어를 저장하기 위한 명령어 레지스터와 다음에 실행할 명령어가 있는 기억장치의 주소를 저장할 프로그램 카운터를 필요로 한다.
> ㉣ 입출력장치는 중앙처리장치와 직접 데이터를 교환할 수 있으며, 데이터 교환은 반드시 중앙처리장치의 입출력 동작 제어에 의해서만 가능하다.

① ㉠, ㉡　　② ㉠, ㉣
③ ㉡, ㉢　　④ ㉢, ㉣

6 유닉스 시스템 신호에 대한 설명으로 옳은 것은?

① SIGKILL : abort()에서 발생되는 종료 시그널
② SIGTERM : 잘못된 하드웨어 명령어를 수행하는 시그널
③ SIGILL : 터미널에서 CTRL + Z 할 때 발생하는 중지 시그널
④ SIGCHLD : 프로세스의 종료 혹은 중지를 부모에게 알리는 시그널

ANSWER 5.③ 6.④

5 ㉠ 입출력장치는 기계적 동작을 수반하기 때문에 동작 속도가 주기억장치보다 느리다.
㉣ 입출력장치는 중앙처리장치와 직접 데이터를 교환할 수 없으며, 데이터 교환은 채널에 의해서 동작한다.

6
- SIGKILL : 무조건적으로 즉시 종료
- SIGTERM : 소프트웨어 종료 시그널
- SIGILL : 잘못된 명령 사용

7 **다음 설명에 해당하는 페이지 테이블 기술은?**

물리 메모리의 프레임당 단 한 개의 페이지 테이블 항목을 할당함으로써 페이지 테이블이 차지하는 공간을 줄이는 기술

① 변환 참조 버퍼
② 계층적 페이지 테이블
③ 역 페이지 테이블
④ 해시 페이지 테이블

8 **인터넷 계층에서 동작하는 프로토콜로서 오류보고, 상황보고, 경로제어정보 전달 기능이 있는 프로토콜은?**

① ICMP
② RARP
③ ARP
④ IGMP

ANSWER 7.③ 8.①

7
- 계층적 페이지 테이블 : 페이지 테이블을 여러 개의 작은 조각으로 나누는 방법
- 해시 페이지 테이블 : 레코드를 한 개 이상 보관하는 버킷들의 집합으로 32비트보다 긴 주소 공간을 처리하는 방법

8
- IGMP(Internet Group Management Protocol) : 호스트 컴퓨터와 인접 라우터가 멀티캐스트 그룹 멤버십을 구성하는데 사용하는 통신 프로토콜
- ARP(Address Resolution Protocol) : 네트워크 상에서 IP 주소를 물리적 네트워크 주소로 대응(bind)시키기 위해 사용되는 프로토콜
- RARP(Reverse Address Resolution Protocol) : IP 호스트가 자신의 물리 네트워크 주소(MAC)는 알지만 IP 주소를 모르는 경우, 서버로부터 IP 주소를 요청하기 위해 사용

9 다음 C 프로그램의 출력 결과는?

```
#include <stdio.h>
void main() {
    int x = 0x15213F10 >> 4;
    char y = (char) x;
    unsigned char z = (unsigned char) x;
    printf("%d, %u", y, z);
}
```

① −15, 15
② −241, 15
③ −15, 241
④ −241, 241

ANSWER 9.③

9 • 시프트(이동) 레지스터
• 연산장치의 구성요소에 해당, 지정된 비트 수만큼 이동하여 곱셈, 나눗셈 연산

```
int x = 0x15213F10 >> 4;    → 1
char y = (char) x;    → 2
unsigned char z = (unsigned char) x;    → 3
printf("%d, %u", y, z);    → 4
```

• 1번 수행
16진수 '15213F10'을 오른쪽으로 4비트 시프트 한 결과 115213F1이 x에 저장
• 2번 수행
'char'형은 1byte 문자를 읽어오기 때문에 y에 'F1' 저장
• 3번 수행
'unsigned char' 부호없는 1byte 문자를 읽어(F1) z에 저장
• 4번 수행
y값 출력 시 '%d'로 십진수 출력을 하기 때문에 F1(111100001)→−15로 2의 보수 사용을 찍고, z값 출력할 때에는 '%u'로 부호 없는 십진수 출력을 하기 때문에 F1(11110001)→241을 출력한다.

10 **CPU의 제어장치에 해당하지 않는 것은?**

① 순서 제어 논리 장치

② 명령어 해독기

③ 시프트 레지스터

④ 서브루틴 레지스터

11 **시간적으로 연속적인 아날로그 신호에 대해 일정한 시간 간격으로 아날로그 신호 값을 추출하는 과정은?**

① 표본화　　② 양자화

③ 부호화　　④ 자동화

ANSWER 10.③ 11.①

10 CPU 제어 장치(control unit)

- 명령어, 데이터의 입출력과 ALU의 동작 제어
- 프로그램/코드/명령어를 해석(해독)하고, 이의 실행을 위한 제어 신호들을 순차적으로 발생시키며, 명령을 읽고 실행하는데 필요한 CPU 내부의 각 장치 간의 데이터 흐름을 제어

11
- PCM 디지털화 과정 : 표본화(Sampling) → 양자화(Quantizing) → 부호화(Coding)
- **표본화**(Sampling) : 아날로그 신호를 디지털신호로 변환시키는 A/D 과정을 수행하기 위하여 제일 먼저 수행하여야 하는 것
- **양자화**(Quantizing) : 펄스 진폭 변조 신호의 크기를 디지털 양으로 변환
- **부호화**(Coding) : 양자화된 펄스의 진폭을 부호화하여 디지털 신호로 변조하는 과정

12 다음 C 프로그램의 실행 결과는?

```
#include <stdio.h>
int funa(int);
void main() {
    printf("%d, %d" funa(5), funa(6));
    return 0;
}

int funa(int n) {
   if(n > 1)
         return (n + (funa(n-2)));
   else
         return (n % 2);
}
```

① 5, 6

② 9, 12

③ 15, 21

④ 120, 720

ANSWER 12.②

12

```
if(n > 1)    → 1
      return (n + (funa(n-2)));   → 2
      return (n % 2);    → 3
```

- funa(5)
  funa(5) = 5 + (funa(3))
  funa(3) = 3 + (funa(1))
  funa(1) = 1
  5+3+1 = 9
- funa(6)
  funa(6) = 6 + (funa(4))
  funa(4) = 4 + (funa(2))
  funa(2) = 2 + (funa(0))
  funa(0) = 0
  6+4+2=12

13 다음에서 설명하는 해시 함수는?

> 탐색키 값을 여러 부분으로 나눈 후 각 부분의 값을 더하거나 XOR(배타적 논리합) 연산하여 그 결과로 주소를 취하는 방법

① 숫자분석함수

② 산함수

③ 중간제곱함수

④ 폴딩함수

14 (가)~(다)에 해당하는 말을 바르게 연결한 것은?

> (가) 컴퓨터가 데이터를 통해 스스로 학습하여 예측이나 판단을 제공하는 기술
> (나) 인간의 지적 능력을 컴퓨터를 통해 구현하는 기술
> (다) 인공 신경망을 활용하는 개념으로, 여러 계층의 신경망을 구성해 학습을 효과적으로 수행하는 기술

	(가)	(나)	(다)
①	인공지능	머신러닝	딥러닝
②	인공지능	딥러닝	머신러닝
③	머신러닝	인공지능	딥러닝
④	머신러닝	딥러닝	인공지능

ANSWER 13.④ 14.③

13
- 숫자분석함수 : 키 각각의 위치에 있는 숫자 중 편중되지 않는 수들을 해시 테이블의 크기에 적합한 만큼 조합해 해시주소로 사용
- 제산함수 : 나머지 연산자를 사용해 키를 해시 테이블의 크기로 나눈 나머지를 해시 주소로 사용하는 방법
- 중간제곱함수 : 키를 제곱한 다음, 중간의 몇 비트를 해시 주소로 생성

14 (가) 머신러닝 : 인간이 학습하는 방식을 모방하기 위한 데이터와 알고리즘의 사용에 초점을 맞춘 인공 지능(AI)의 한 분야
(나) 인공지능 : 동적 컴퓨팅 환경에 내장된 알고리즘을 생성하고 적용하여 인간의 지능을 모방하는 기초적인 지능
(다) 딥러닝 : 컴퓨터가 인간의 뇌에서 영감을 얻은 알고리즘을 사용하여 데이터를 처리하도록 가르치는 인공지능(AI) 기술

15 **구조적 개발 방법론에서 사용자 요구사항을 분석한 후 결과를 표현할 때 사용되는 도구에 대한 설명으로 옳은 것은?**

① 자료흐름도에서 자료저장소는 원으로 표현한다.

② 자료사전은 계획(ISP), 분석(BAA), 설계(BSD), 구축(SC)의 절차로 작성한다.

③ 자료사전에서 사용하는 기호 중 ( )는 선택에 사용되는 기호이다.

④ 소단위 명세서를 작성하는 도구에는 구조적언어, 의사결정표 등이 있다.

16 **다음 내용에 해당하는 법칙은?**

주식회사의 주가를 보면 일일 가격은 급격히 변동할 수 있다. 하지만 긴 기간의 움직임을 보면 상승, 하락 또는 변동 없는 추세를 보인다.

① 자기 통제의 법칙

② 복잡도 증가의 법칙

③ 피드백 시스템의 법칙

④ 지속적 변경의 법칙

ANSWER 15.④ 16.①

15 ① 자료흐름도에서 자료저장소는 '='으로 표현한다.

② 정보공학 개발 방법론은 계획(ISP), 분석(BAA), 설계(BSD), 구축(SC)의 절차로 작성한다.

③ 자료사전에서 사용하는 기호 중 ( )는 생략에 사용되는 기호이다.

16 리만(Lehman)의 소프트웨어 변화의 법칙

- 자기 통제의 법칙 : 시스템의 진화 과정은 자기 통제의 과정이다. 시스템이 장기간 동안 계속 피드백되기 때문에 가능하다.
- 복잡도 증가의 법칙 : 소프트웨어는 변경이 가해질수록 그 구조는 복잡해진다.
- 피드백 시스템의 법칙 : 진화 프로세스는 다중레벨, 다중루프, Multi-Agent 피드백 시스템 수용, 중요 개선 달성 위해 피드백 필수
- 지속적 변경의 법칙 : SW 생애 주기 동안 사용자 만족 유지 위해 기능의 지속적 성장

17 그림과 같이 S 테이블과 T 테이블이 있을 때, SQL 실행 결과는?

S

a	b
1	가
2	나
3	다

T

c	d
나	X
다	Y
라	Z

```
SELECT S.a, S.b, T.d
FROM S
LEFT JOIN T
ON S.b = T.c
```

①

a	b	d
1	가	(NULL)
2	나	X
3	다	Y

②

a	b	d
2	나	X
3	다	Y
1	가	(NULL)

③

a	b	d
1	가	(NULL)
2	나	X
3	다	Y
(NULL)	라	Z

④

a	b	d
2	나	X
3	다	Y
(NULL)	라	Z

ANSWER 17.①②

17 • 'LEFT JOIN T ON S.b = T.c'
→ S테이블과 T테이블에서 '나' 또는 '다' 행을 포함하는
• SELECT S.a, S.b, T.d
→ 'S.a, S.b, T.d' 열을 찾은 다음
왼쪽 S테이블의 S.a, S.b, T.d를 읽어오지만 'T.d'는 빈값이어서 NULL 값을 출력하게 된다.
(릴레이션 특징에서 튜플의 순서는 없으며 이번에는 1번과 2번 모두 정답으로 인정했다.)

18 **운영체제 시스템 호출에 대한 설명으로 옳지 않은 것은?**

① fork( )는 실행 중인 프로세스를 복사하는 함수이다.

② fork( ) 호출 시 부모 프로세스와 자식 프로세스가 차지하는 메모리 위치는 동일하다.

③ exec( )는 이미 만들어진 프로세스의 구조를 재활용하는 함수이다.

④ exec( ) 호출에 사용되는 함수 중 wait( )는 프로세스 종료 대기를 처리한다.

19 **SQL 뷰에 대한 설명으로 옳은 것은?**

① 복잡한 질의를 간단하게 표현할 수 있게 한다.

② 데이터 무결성을 보장하지만 독립성을 제공하지는 않는다.

③ 제거할 때는 DELETE문을 사용한다.

④ 동일한 데이터에 대해 하나의 뷰만 생성 가능하다.

ANSWER 18.② 19.①

18 ② fork( ) 호출 시 부모 프로세스와 자식 프로세스가 차지하는 메모리 위치는 다르다.

- **포크**(fork) : 실행중인 프로세스를 복사하여 부모 프로세스와 똑같은 자식 프로세스를 생성

19 ② 데이터 무결성, 독립성 제공

③ 제거할 때는 DROP 문사용

④ 동일한 데이터에 대해 여러개의 뷰 생성 가능

20 다음 C 프로그램의 실행 결과는?

```
#include <stdio.h>
int C(int v) {
    printf("%d", v);
    return 1;
}

int main() {
    int a = -2;
    int b = !a;
    printf("%d %d %d %d", a, b, a&&b, a||b);
    if(b && C(10))
          printf("A");
    if(b & C(20))
           printf("B");
    return 0;
}
```

① −2 0 0 1 20

② −2 0 0 1 10 20

③ −2 1 0 1 10 20

④ −2 2 1 1 10 A 20 B

ANSWER 20.①

20

```
int a = -2;
int b = !a;
printf("%d %d %d %d ", a, b, a&&b, a||b);
if(b && C(10))
      printf("A ");
if(b & C(20))
     printf("B ");
return 0;
```

* &&(논리곱) : 두개의 조건식이 모두 참(1)이 되어야 IF 문의 결과를 참으로 보고 프로그램을 실행

* &(비트곱) : 두개의 값이 모두 1인 경우 1

- int a = -2;
- b = !a → -2를 저장하고 있어 참(1)으로 거짓(0)
- 'a&&b'에서 '1&&0'이 되어 거짓(0)
- 'a||b'에서 '1||0'이 되어 참(1)
- if(b && C(10)) → b가 거짓(0)으로 IF문을 수행 하지 않으므로 c(10)함수 호출 안됨
- if(b & C(20))에서 'if(0000000000000000&C(20))는 &연산을 하기 위해 C(20)함수 호출 20출력
- IF 연산 수행 거짓으로 printf("B") ; 수행되지 않음

컴퓨터일반 2023. 6. 10. 제1회 지방직 시행

1 다음 중 문자 한 개를 표현하기 위해 필요한 비트 수가 가장 많은 문자 코드 체계는?

① ASCII
② BCD
③ EBCDIC
④ 유니코드(Unicode)

2 다음은 어떤 시스템의 성능 개선에 대한 내용이다. 성능 개선 후 프로그램 P의 실행에 걸리는 소요시간은? (단, 시스템에서 프로그램 P만 실행된다고 가정한다)

- 성능 개선 전에 프로그램 P의 특정 부분 A의 실행에 30초가 소요되었고, A를 포함한 전체 프로그램 P의 실행에 50초가 소요되었다.
- 시스템의 성능을 개선하여 A의 실행 속도를 2배 향상시켰다.
- A의 실행 속도 향상 외에 성능 개선으로 인한 조건 변화는 없다.

① 25초
② 30초
③ 35초
④ 40초

ANSWER 1.④ 2.③

1 ① ASCII(American Standard Code for Information Interchange) : 1963년 미국 ANSI에서 표준화한 정보교환용 7비트로 128가지 문자 표현
② BCD(Binary-Coded Decimal) : 2진수를 10진수 형태로 창안하여 8421코드라고도 하며 6비트로 64가지 문자 표현
③ EBCDIC(Extended BCD Interchange Code) : BCD코드를 확장한 코드로 확장 2진화 10진 코드라고 하며 8비트로 256가지 문자 표현

2
- 프로그램 P의 전체 수행시간은 50초
- P의 특정 부분 A를 실행하는데 30초
- P의 나머지 부분의 수행시간은 20초

– 다른 조건의 변화 없이 P의 특정 부분 A만을 2배 빠르게 실행한다는 것은 A의 수행시간을 절반으로 단축→15초

- 프로그램 P의 전체 수행시간 = 15초 + P의 나머지 부분의 수행시간은 20초
- 성능 개선 후 프로그램 P의 실행 시간은 15 + 20 = 35초이다.

3 부울 변수 X, Y, Z에 대한 등식으로 옳지 않은 것은? (단, · 은 AND, +는 OR, ′는 NOT 연산을 의미한다)

① $X + (Y \cdot Z) = (X + Y) \cdot (X + Z)$

② $X \cdot (X + Y) = X \cdot X + Y$

③ $(X + Y) + Z = X + (Y + Z)$

④ $(X + Y)' = X' \cdot Y'$

4 IP(Internet Protocol)에 대한 설명으로 옳지 않은 것은?

① 전송 계층에서 사용되는 프로토콜이다.

② 비연결형 프로토콜이다.

③ IPv4에서 IP 주소의 길이가 32비트이다.

④ IP 데이터그램이 목적지에 성공적으로 도달하는 것을 보장하지 않는다.

ANSWER 3.② 4.①

3 ① $X + (Y \cdot Z) = (X + Y) \cdot (X + Z)$: 배분 법칙

② $X \cdot (X + Y) = X$: 흡수 법칙

③ $(X + Y) + Z = X + (Y + Z)$: 결합법칙

④ $(X + Y)' = X' \cdot Y'$: 드모르간 법칙

4 ① 네트워크 계층에서 사용되는 프로토콜이다.

- IP(Internet Protocol) : 송신 호스트와 수신 호스트가 패킷 교환 네트워크에서 정보를 주고받는 데 사용하는 정보 위주의 프로토콜

5 **다음에서 제시한 시스템에서 주기억장치 주소의 각 필드의 비트 수를 바르게 연결한 것은? (단, 주기억장치 주소는 바이트 단위로 할당되고, 1KB는 1,024바이트이다)**

> • 캐시기억장치는 4-way 집합 연관 사상(set-associative mapping) 방식을 사용한다.
> • 캐시기억장치는 크기가 8KB이고 전체 라인 수가 256개이다.
> • 주기억장치 주소는 길이가 32비트이고, 캐시기억장치 접근(access)과 관련하여 아래의 세 필드로 구분된다.
>
> | 태그(tag) | 세트(set) | 오프셋(offset) |
> |---|---|---|

태그	세트	오프셋
① 20	6	6
② 20	7	5
③ 21	5	6
④ 21	6	5

6 **2의 보수로 표현된 부호 있는(signed) n비트 2진 정수에 대한 설명으로 옳지 않은 것은?**

① 최저 음수의 값은 $-(2^{n-1}-1)$이다.

② 0에 대한 표현이 한 가지이다.

③ 0이 아닌 2진 정수 A의 2의 보수는 $(2^n - A)$이다.

④ 0이 아닌 2진 정수 A의 2의 보수는 A의 1의 보수에 1을 더해서 구할 수 있다.

ANSWER 5.④ 6.①

5 캐시 메모리 사상 방식 : 어떤 주기억장치 블록들이 어느 캐시 라인을 공유할 것인 지를 결정해 주는 방법

※ 사상 방식의 종류

㉠ **직접 사상**(Direct Mapping) : 주기억장치의 블록들이 지정된 하나의 캐시 라인으로만 적재됨

㉡ **완전 연관 사상**(Fully Associate Mapping) : 주기억장치 블록이 캐시의 어떤 라인으로든 적재 가능

㉢ **세트 연관 사상**(Set Associate Mapping) : 직접 사상과 완전-연관 사상의 조합으로 주기억장치 블록 그룹이 하나의 캐시 세트를 공유하며, 그 세트에는 두 개 이상의 라인들이 적재될 수 있음. 캐시는 v개의 세트(set)들로 나누어지며, 각 세트들은 k개의 라인들로 구성(k-way 세트-연관 사상이라고 부름)

6 2의 보수를 사용한 2진 정수의 표현 범위 : $-2^{n-1} \sim +2^{n-1}-1$

7 **10진수 45.1875를 2진수로 변환한 것은?**

① 101100.0011

② 101100.0101

③ 101101.0011

④ 101101.0101

8 **운영체제에서 다음 설명에 해당하는 페이지 교체 알고리즘은?**

> 페이지 교체가 필요한 시점에서 최근 가장 오랫동안 사용되지 않은 페이지를 제거하여 교체한다.

① 최적(optimal) 교체 알고리즘

② FIFO(First In First Out) 교체 알고리즘

③ LRU(Least Recently Used) 교체 알고리즘

④ LFU(Least Frequently Used) 교체 알고리즘

ANSWER 7.③ 8.③

7 • 10진수 45 → 2진수 101101

32	16	8	4	2	1
1	0	1	1	0	1

• 10진수 0.1875 → 2진수 0.0011

0.5	0.25	0.125	0.0625
0	0	1	1

8 ① **최적(optimal) 교체 알고리즘** : 앞으로 가장 오랫동안 사용하지 않을 페이지를 교체하는 알고리즘

② **FIFO(First In First Out) 교체 알고리즘** : 가장 먼저 메모리에 올라온 페이지를 가장 먼저 내보내는 알고리즘

④ **LFU(Least Frequently Used) 교체 알고리즘** : 참조횟수가 가장 적은 페이지를 교체하는 알고리즘

9 **ICT 기술에 대한 설명으로 옳지 않은 것은?**

① 기계학습(machine learning)의 학습 방법에는 지도학습(supervised learning), 비지도학습(unsupervised learning), 강화학습(reinforcement learning) 등이 있다.

② 가상현실(virtual reality)은 가상의 공간과 사물 등을 만들어, 일상적으로 경험하기 어려운 상황을 실제처럼 체험할 수 있도록 해준다.

③ RFID(Radio Frequency IDentification)에서 수동형 태그는 내장된 배터리를 사용하여 무선 신호를 발생시킨다.

④ 지그비(ZigBee)는 저비용, 저전력 무선 네트워크 기술로 센서 네트워크에서 사용할 수 있다.

10 **다음 조건을 만족하는 가상기억장치에서 가상 페이지 번호(virtual page number)와 페이지 오프셋의 비트 수를 바르게 연결한 것은?**

- 페이징 기법을 사용하며, 페이지 크기는 2,048바이트이다.
- 가상 주소는 길이가 32비트이고, 기상 페이지 번호와 페이지 오프셋으로 구분된다.

	가상 페이지 번호	페이지 오프셋
①	11	21
②	13	19
③	19	13
④	21	11

ANSWER 9.③ 10.④

9 ③ RFID(Radio Frequency IDentification)에서 능동형 태그는 내장된 배터리를 사용하여 무선 신호를 발생시킨다.

10 • 가상 페이지 번호 : 가상주소는 길이가 32비트(2^{32})/페이지 크기. 211 바이트 = $2^{32}/2^{11}$, 즉 21비트 사용
• 페이징 기법에서 페이지의 크기가 2바이트면 가상주소의 페이지 오프셋은 K비트이다. 여기서 K비트는 11

11 다음 트리에 대한 설명으로 옳지 않은 것은?

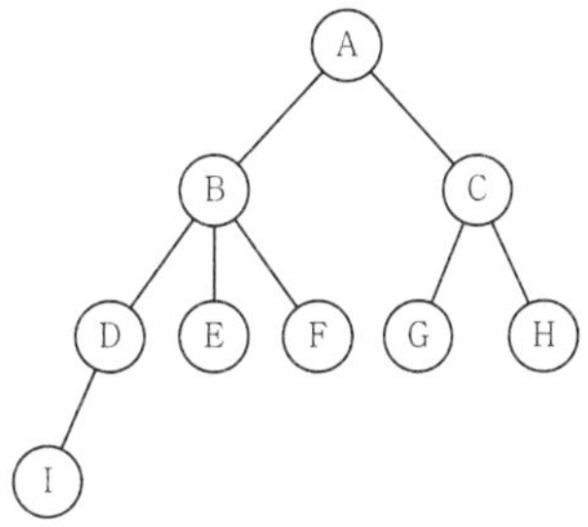

① A노드의 차수(degree)는 2이다.

② 트리의 차수는 4이다.

③ D노드는 F노드의 형제(sibling) 노드이다.

④ C노드는 G노드의 부모(parent) 노드이다.

12 다음에서 설명하는 UML(Unified Modeling Language) 다이어그램(diagram)은?

> 객체들이 어떻게 상호 동작하는지를 메시지 순서에 초점을 맞춰 나타낸 것으로, 어떠한 작업이 객체 간에 발생하는지를 시간 순서에 따라 보여준다.

① 클래스(class) 다이어그램

② 순차(sequence) 다이어그램

③ 배치(deployment) 다이어그램

④ 컴포넌트(component) 다이어그램

ANSWER 11.② 12.②

11 ② 차수는 모든 서브트리의 차수 중 가장 높은 차수로 트리의 차수는 3이다.

12 ① **클래스(class) 다이어그램**: 구조 다이어그램으로 클래스 내부 구성요소 및 클래스 간의 관계를 도식화하여 시스템의 특정 모듈이나 일부 및 전체를 구조화

③ **배치(deployment) 다이어그램**: 시스템의 소프트웨어와 하드웨어 컴포넌트 간 관계 및 처리의 물리적 분배를 표시

④ **컴포넌트(component) 다이어그램**: 시스템을 구성하는 임의의 물리적인 요소

13 리틀 엔디안(little endian) 방식을 사용하는 시스템에서 다음 C 프로그램의 출력 결과는? (단, int의 크기는 4바이트이다)

```
#include <stdio.h>
int main() {
    char i;
    union {
        int int_arr[2];
        char char_arr[8];
    } endian;
    for (i = 0; i < 8; i++)
        endian.char_arr[i] = i + 16;
    printf("%x", endian.int_arr[1]);
    return 0;
}
```

① 10111213

② 13121110

③ 14151617

④ 17161514

ANSWER 13.④

13 리틀 엔디안 방식 : 하위 비트부터 바이트 단위로 저장하는 방식

```
for (i = 0; i < 8; i++)        → 8
    endian.char_arr[i] = i + 16;        → 9
printf("%x", endian.int_arr[1]);        → 10
```

• 8번 수행후

9번 endian.char_arr[i] =i + 16 값은	2진수 변환							
	128	64	32	16	8	4	2	1
endian.char_arr[0] =0 + 16 = 16	0	0	0	1	0	0	0	0
endian.char_arr[1] =1 + 16 = 17	0	0	0	1	0	0	0	1
endian.char_arr[2] =2 + 16 = 18	0	0	0	1	0	0	1	0
endian.char_arr[3] =3 + 16 = 19	0	0	0	1	0	0	1	1
endian.char_arr[4] =4 + 16 = 20	0	0	0	1	0	1	0	0
endian.char_arr[5] =5 + 16 = 21	0	0	0	1	0	1	0	1
endian.char_arr[6] =6 + 16 = 22	0	0	0	1	0	1	1	0
endian.char_arr[7] =7 + 16 = 23	0	0	0	1	0	1	1	1

• 10번을 수행하면

endian.int_arr[1]

int_arr[2]는 정수형으로 4바이트 2개를 할당했으므로

endian.int_arr[0]에는 char_arr[0]~endian.char_arr[3]까지 공용

endian.int_arr[1]에는 char_arr[4]~endian.char_arr[7]까지 공용

• 10번에서 "%x"는 16진수 출력문자로 2진수 4자리씩 읽어서 출력

→ 리틀 엔디안 방식은 출력결과가 데이터 역순으로 저장되므로 17161514가 된다.

14 2의 보수로 표현된 부호 있는 8비트 2진 정수 10110101을 2비트만큼 산술 우측 시프트(arithmetic right shift)한 결과는?

① 00101101

② 11010100

③ 11010111

④ 11101101

15 TCP/IP 프로토콜 계층 구조에서 다음 중 나머지 셋과 다른 계층에 속하는 프로토콜은?

① HTTP

② SMTP

③ DNS

④ ICMP

ANSWER 14.④ 15.④

14 산술 시프트(arithmetic shift)

- 레지스터에 저장된 데이터가 부호를 가진 정수인 경우에 부호 비트를 고려하여 수행되는 시프트
- 시프트 과정에서 부호 비트는 그대로 두고, 수의 크기를 나타내는 비트들만 시프트 시킨다는 점

15 ① HTTP : 응용 계층 프로토콜

② SMTP : 응용 계층 프로토콜

③ DNS : 응용 계층 프로토콜

④ ICMP : 네트워크 계층 프로토콜

16 **데이터베이스 언어에 대한 설명으로 옳지 않은 것은?**

① 데이터 제어어(data control language)는 사용자가 데이터에 대한 검색, 삽입, 삭제, 수정 등의 처리를 DBMS에 요구하기 위해 사용되는 언어이다.

② 데이터 제어어는 데이터베이스의 보안, 무결성, 회복(recovery) 등을 지원하기 위해 사용된다.

③ 절차적 데이터 조작어(procedural data manipulation language)는 사용자가 원하는 데이터와 그 데이터로의 접근 방법을 명시해야 하는 언어이다.

④ 데이터 정의어(data definition language)는 데이터베이스 스키마의 생성, 변경, 삭제 등에 사용되는 언어이다.

17 **TCP(Transmission Control Protocol)에 대한 설명으로 옳은 것만을 모두 고르면?**

㉠ 네트워크 계층에서 사용되는 프로토콜이다.
㉡ 흐름 제어와 혼잡 제어를 수행한다.
㉢ 연결지향형 프로토콜이다.
㉣ IP 주소를 이용하여 데이터 그램을 목적지 호스트까지 전송하는 역할을 한다.

① ㉠, ㉡

② ㉠, ㉣

③ ㉡, ㉢

④ ㉢, ㉣

ANSWER 16.① 17.③

16 ① 데이터 조작어(data manipulation language)는 사용자가 데이터에 대한 검색, 삽입, 삭제, 수정 등의 처리를 DBMS에 요구하기 위해 사용되는 언어이다.

17 ㉠ 네트워크 계층에서 사용되는 프로토콜이다. → IP에 대한 설명이다.
㉣ IP 주소를 이용하여 데이터그램을 목적지 호스트까지 전송하는 역할을 한다. → IP에 대한 설명이다.

18 다음 Java 프로그램의 출력 결과는?

```
public class Result {
    public static void main(String[] args) {
        int sum = 0;
        for (int i = 1; i <= 10; i++)
            if (i % 2 != 0 && i % 5 != 0)
                sum += i;
        System.out.println(sum);
    }
}
```

① 15 ② 20

③ 25 ④ 55

ANSWER 18.②

18

```
int sum = 0;        → 1
for (int i = 1; i <= 10; i++)        → 2
    if (i % 2 != 0 && i % 5 != 0)        → 3
        sum += i;        → 4
System.out.println(sum);        → 5
```

- 1번 수행
  int sum = 0
  누적변수 sum을 0으로 초기화
- 2번 수행
  for (int i = 1; i <= 10; i++)
  1~10까지 1씩 증가하면서 2의 배수도 5의 배수도 아닌 값을 찾아 누적한다.
- 3번 수행
  AND(&&) : 두 개 이상의 조건에 모두 만족
  NOT(!) : 어떤 조건에 대한 결과를 반대로
  if (i % 2 ! = 0 && i % 5 ! = 0)
  → i % 2 ! = 0 → 2로 나눈 나머지가 0이 아닌 것으로 2의 배수가 아님.
  → i % 5 ! = 0 →5로 나눈 나머지가 0이 아닌 것으로 5의 배수가 아님.
  위 두 가지의 조건이 동시에 만족(&&)해야 참이므로 1부터 10까지 중에 2의 배수도, 5의 배수도 아닌 수를 sum에 누적한다.

i	2의 배수와 5의 배수가 둘다 아닌 수	2의 배수	5의 배수	누적
1	if (1 % 2 != 0 && 1 % 5 != 0)			0
2	if (2 % 2 != 0 && 2 % 5 != 0)	0		
3	if (3% 2 != 0 && 3 % 5 != 0)			0
4	if (4 % 2 != 0 && 4 % 5 != 0)	0		
5	if (5 % 2 != 0 && 5 % 5 != 0)		0	
6	if (6 % 2 != 0 && 6 % 5 != 0)	0		
7	if (7 % 2 != 0 && 7 % 5 != 0)			0
8	if (8 % 2 != 0 && 8 % 5 != 0)	0		
9	if (9 % 2 != 0 && 9 % 5 != 0)			0
10	if (10 % 2 != 0 && 10 % 5 != 0)	0		

- 4번 수행
  sum += I
  sum의 누적 값 → 1+3+7+9 = 20
- 5번 수행
  sum의 값 20

19 다음은 프로세스가 준비 상태 큐에 도착한 시간과 프로세스를 처리하는 데 필요한 실행 시간을 보여준다. 선점형 SJF(Shortest Job First) 스케줄링 알고리즘인 SRT(Shortest Remaining Time) 알고리즘을 사용할 경우, 프로세스들의 대기 시간 총합은? (단, 프로세스 간 문맥 교환에 따른 오버헤드는 무시하며, 주어진 4개 프로세스 외에 처리할 다른 프로세스는 없다고 가정한다)

프로세스	도착 시간	실행 시간
P_1	0	30
P_2	5	10
P_3	10	15
P_4	15	10

① 40　② 45
③ 50　④ 55

ANSWER 19.③

19 SRT(Shortest Remaining Time) 알고리즘 : 최단 잔여시간을 우선으로 하는 스케줄링으로 진행 중인 프로세스가 있어도 짧은 프로세스를 먼저 할당

대기리스트

P_1	P_2	P_4	P_3	P_1
5	10	10	15	25

- 평균반환시간 = 평균 실행 시간 + 평균 대기 시간
- 평균실행시간 = (30+10+10+15) / 4 = 16.25
- 평균대기시간

- P_1의 대기시간 : 0+(10+10+15)−0(도착시간) = 35
  0초에 도착하여 바로 실행
- P_2의 대기시간 : 5−5(도착시간) = 0
  P_1이 5초가 실행 중일 때 남아있는 25초보다 작은 P_2가 도착하여 P_2에 선점
  P_1(25초)은 대기리스트에 대기
  P_2가 5초 실행 중일 때 남아있는 5초보다 큰 15초인 P_3(15초)가 도착하지만 실행시간이 크므로 선점되지 않고 P_2가 계속 실행
- P_3의 대기시간 : 25−10(도착시간) = 15
  P_3(15초)은 P_1(25초)보다 작으므로, P_3, P_1 순으로 대기리스트에 대기
- P_4의 대기시간 : P_4의가 모두 종료되는 시점에 P_1 25초, P_2가 5초, P_4 10초가 도착
  대기리스트의 P_3, P_1(25초) 실행시간이 적은 P_4(10초) 먼저 실행
  15+−15(도착시간) = 0

∴ 프로세스들의 대기 시간 총합은 35+15 = 50

20 공백 상태인 이진 탐색 트리(binary search tree)에 1부터 5까지의 정수를 삽입하고자 한다. 삽입 결과, 이진 탐색 트리의 높이가 가장 높은 삽입 순서는?

① 1, 2, 3, 4, 5

② 1, 4, 2, 5, 3

③ 3, 1, 4, 2, 5

④ 5, 3, 4, 1, 2

ANSWER 20.①

20 • **이진 탐색 트리**(binary search tree) : 공백이 가능한 이진 트리이다. 자료의 탐색, 삽입, 삭제를 효율적으로 하기 위해 만들어진 트리로서 부모 노드를 기준으로 작은 값은 왼쪽 서브 트리로, 큰 값은 오른쪽 서브 트리로 배치한다. 맨 왼쪽 리프 노드는 트리의 최솟값이고, 맨 오른쪽 리프 노드는 트리의 최댓값이며 값을 찾을 때 대소 비교를 통해 탐색 방향을 정한다.

• **이진 탐색 트리**(binary search tree) **삽입**

㉠ 삽입할 값을 루트 노드와 비교해 같다면 오류를 발생(중복 값 허용 안됨)

㉡ 삽입할 값이 루트 노드의 키보다 작다면 왼쪽 서브 트리를 탐색해서 비어있다면 추가하고, 비어있지 않다면 다시 값을 비교

㉢ 삽입할 값이 루트노드의 키보다 크다면 오른쪽 서브트리를 탐색해서 비어있다면 추가하고, 비어있지 않다면 다시 값을 비교

• **편향 이진 트리** : 사향 이진 트리라고도 한다. 같은 높이의 이진 트리 중에서 최소 개수의 노드 개수를 가지면서 왼쪽 혹은 오른쪽 서브트리만을 가지는 이진트리이다. 즉 모든 노드가 왼쪽에 있거나 반대로 오른쪽에 있는 트리로 각 부모 노드가 오직 한 개의 연관 자식 노드를 갖는 트리이다. 따라서 왼쪽 혹은 오른쪽으로만 편향되게 된다. 1부터 삽입하면 1이 루트가 되며 삽입되는 값이 오름차순으로 정렬되므로 루트 1을 중심으로 오른쪽으로 치우친 편향 이진 트리가 완성된다.

컴퓨터일반 2024. 3. 23. 인사혁신처 시행

1 컴퓨터에서 사용하는 정보량의 단위를 크기가 작은 것부터 큰 것 순서대로 바르게 나열한 것은?

① EB, GB, PB, TB
② EB, PB, GB, TB
③ GB, TB, EB, PB
④ GB, TB, PB, EB

2 암호화 및 복호화를 위하여 개인키와 공개키가 필요한 비대칭키 암호화 기법은?

① AES
② DES
③ RSA
④ SEED

ANSWER 1.④ 2.③

1 • KB-MG-GB-TB-PB-EB-ZB

킬로바이트 (KiloByte)	1,024 B
메가바이트 (MegaByte)	1,024 KB
기가바이트 (GigaByte)	1,024 MB
테라바이트 (TeraByte)	1,024 GB
페타바이트 (PetaByte)	1,024 TB
엑사바이트 (ExaByte)	1,024 PB

2 비대칭키 암호

- 공개키 암호 : 비대칭키 암호는 공개키 암호(Public-key Encryption)라고도 하며, 대칭키 암호와 달리 암·복호화에 서로 다른 키를 사용하는 알고리즘. 대표적인 알고리즘으로 RSA, ElGamal, ECC 등이 있음
- AES : 2001년 미국 표준 기술 연구소(NIST)에 의해 제정된 암호화 방식으로 128비트 평문을 128비트 암호문으로 출력하는 알고리즘
- DES : 1975년에 IBM에서 개발하고 1979년에 미국 NBS(National Bureau of Standards, 현 NIST)가 국가 표준 암호 알고리즘으로 지정한 대칭키 암호 알고리즘

3 다음 논리회로도에서 출력 F가 0이 되는 입력 조합을 바르게 연결한 것은?

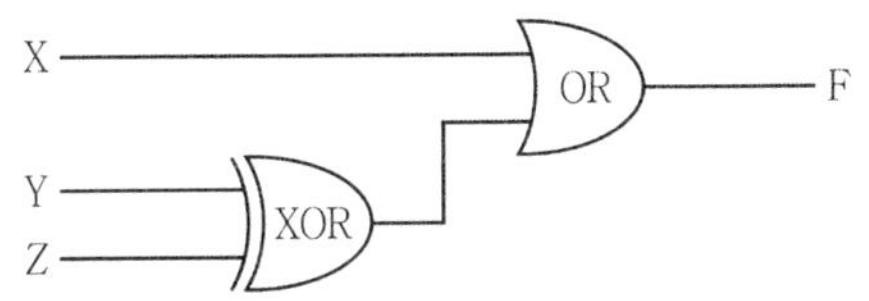

	X	Y	Z
①	0	0	1
②	0	1	0
③	0	1	1
④	1	0	0

ANSWER 3.③

3 • OR 게이트

논리합, 두 개의 입력중 하나가 1이면 출력은 1이 발생

A	B	C
0	0	0
0	1	1
1	0	1
1	1	1

• XOR(Exclusive OR) 게이트

배타적 논리합, 두 개의 입력이 서로 다를때만 출력 1이 발생, 입력이 같으면 0이 발생

A	B	C
0	0	0
0	1	1
1	0	1
1	1	0

4 OSI 모형의 네트워크 계층 프로토콜에 속하지 않는 것은?

① ICMP ② IGMP

③ IP ④ SLIP

5 클라우드 컴퓨팅 서비스에서 애플리케이션을 구축, 테스트, 설치할 수 있도록 통합환경을 제공하는 것은?

① IaaS ② NAS

③ PaaS ④ SaaS

6 10진수 뺄셈 (7 – 12)를 2의 보수를 이용하여 계산한 결과는? (단, 저장 공간은 8비트로 한다)

① 0000 0100 ② 0000 0101

③ 1111 0101 ④ 1111 1011

ANSWER 4.④ 5.③ 6.④

4 네트워크 계층(Network Layer)

- 패킷을 한 호스트에서 다른 호스트로 라우팅하는 계층
- 데이터 단위 : datagram, packet
- 프로토콜 : IP, ICMP, ARP, RIP, BGP 등
- 여러 라우터를 통한 라우팅, 그를 통한 패킷 전달
- 전송 계층에게 전달 받은 목적지 주소를 이용해서 패킷을 만들고 그 목적지의 전송 계층으로 패킷을 전달하며 인터넷의 경우 IP 프로토콜이 대표적이다.

5
- IaaS(Infrastructure as a Service) : 인터넷을 통해 확장성이 뛰어난 컴퓨팅 리소스를 서비스로서 제공하는 주문형 가용성 서비스
- SaaS(Software as a Service) : 소프트웨어 서비스 제공 모델, 소프트웨어를 기기에 설치하지 않고 온라인으로 액세스할 수 있는 소프트웨어 라이센스 및 제공 수단을 의미
- PaaS(Platform as a Service) : 서비스로서의 플랫폼, IaaS 형태의 가상화된 클라우드 위에 사용자가 원하는 서비스를 개발할 수 있도록 개발 환경(Platform)을 미리 구축해, 이를 서비스 형태로 제공하는 것을 의미

6
- 7의 8비트 표현 : 0000 0111
- −12의 2의 보수 표현

  −12에서 12를 8비트로 표현 : 0000 1100

  1의 보수로 변경 : 1111 0011

  2의 보수로 변경 : 1111 0011 + 1 = 1111 0100

∴ (7−12) = 7+(−12) = 0000 0111 + 1111 0100 = 1111 1011

7 RAID(Redundant Array of Inexpensive Disks) 레벨에 대한 설명으로 옳지 않은 것은?

① RAID 레벨 0 : 패리티 없이 데이터를 분산 저장한다.
② RAID 레벨 1 : 패리티 비트를 사용하여 오류를 검출한다.
③ RAID 레벨 2 : 해밍 코드를 사용하여 오류 검출 및 정정이 가능하다.
④ RAID 레벨 5 : 데이터와 함께 패리티 정보를 블록 단위로 분산 저장한다.

8 RISC와 비교하여 CISC의 특징으로 옳지 않은 것은?

① 명령어의 종류가 많다.
② 명령어의 길이가 고정적이다.
③ 명령어 파이프라인이 비효율적이다.
④ 회로 구성이 복잡하다.

ANSWER 7.② 8.②

7 RAID : 복수 배열 독립 디스크(Redundant Array of Independent Disks 혹은 Redundant Array of Inexpensive Disks)는 여러 개의 하드 디스크에 일부 중복된 데이터를 나눠서 저장하는 기술

- RAID-0 : 스트라이핑 방식, 결함 허용도가 없는 스트라이핑 디스크 배열이며, 성능은 높으나 안정성이 떨어지는 단점
- RAID-1 : 미러링 방식, 복제된 데이터가 한 쌍의 드라이브에 기록되는 방식
- RAID-2 : 해밍 코드 ECC를 가진 비트 레벨 스트라이핑
- RAID-3 : 전용 패리티를 가진 바이트 레벨 스트라이핑
- RAID-5 : 분산 패리티를 가진 블록 레벨 스트라이핑

8

CISC(Complex Instruction Set Computer)	RISC(Reduced Instruction Set Computer)
• 전통적 Von Neumann 방식의 명령어 내장 방식 • 컴퓨터가 지원하는 명령어가 많을수록 프로그램내의 Instruction count는 줄어든다. • 명령어의 길이가 상이 하다.	• 자주 사용하지 않는 명령어 제거 및 단순화 • 모든 명령어의 길이를 일정하게 만든다. • 하나의 Cycle에 여러 명령어 수행

9 다음 파이썬 코드는 이진 탐색을 이용하여 자연수 데이터를 탐색하는 함수이다. ㈎, ㈏에 들어갈 내용을 바르게 연결한 것은? (단, ds는 오름차순으로 정렬된 중복 없는 자연수 리스트이고, key는 찾고자 하는 값이다)

```
def binary(ds, key):
    low = 0
    high = len(ds) - 1
    while low <= high:
        mid = (low+high) // 2
        if key == ds[mid]:
            return mid
        elif key < ds[mid]:
            [    ㈎    ]
        else:
            [    ㈏    ]
    return
```

	㈎	㈏
①	high = mid − 1	low = mid − 1
②	high = mid − 1	low = mid + 1
③	high = mid + 1	low = mid − 1
④	high = mid + 1	low = mid + 1

ANSWER 9.②

9 이진탐색 : 정렬되어 있는 리스트에서 특정한 데이터를 빠르게 탐색할 수 있도록 해주는 탐색 알고리즘

```
def binary(ds, key):
    low = 0
    high = len(ds) - 1
    while low <= high:
        mid = (low+high) // 2
        if key == ds[mid]:
            return mid
        elif key < ds[mid]:
            high = mid - 1
#키가 중간값보다 작을때는 오른쪽을 탐색할 필요가 없으므로 high를 mid-1로 갱신
        else:
            low = mid + 1
#key가 중간값보다 클 때는 왼쪽을 탐색할 필요가 없으므로 low를 mid+1로 갱신
    return
```

- 이진 탐색 알고리즘으로, 주어진 정렬된 리스트(ds)에서 특정 값(key)을 찾아서 그 위치(index)를 반환
- 리스트의 처음부터 끝까지 이진 탐색을 수행하면서 key와 현재 중간값(ds[mid])을 비교하여 탐색 범위를 좁혀가는 과정을 반복
- 만약 찾고자 하는 값이 리스트에 존재하지 않는다면 -1을 반환

10 3개의 페이지 프레임으로 구성된 기억장치에서 다음과 같은 참조열 순으로 페이지가 참조될 때, 페이지 부재 발생 횟수가 가장 적은 교체 방법은? (단, 초기 페이지 프레임은 비어 있으며, 페이지 교체 과정에서 사용 빈도수가 동일한 경우는 가장 오래된 것을 먼저 교체한다)

참조열 : 2　1　2　3　1　4　5　1　4　3

① FIFO(First In First Out)

② LFU(Least Frequently Used)

③ LRU(Least Recently Used)

④ MFU(Most Frequently Used)

11 교착상태(deadlock)가 발생하기 위한 필요조건에 해당하지 않는 것은?

① 상호 배제(mutual exclusion)

② 선점(preemption)

③ 순환 대기(circular wait)

④ 점유와 대기(hold and wait)

ANSWER 10.③ 11.②

10
- LRU(Least Recently Used)
  - 주기억장치에 적재되어 있는 페이지들에 대해 이들이 참조된 시간을 기준으로 교체될 페이지를 선정하는 기법
  - 최근 가장 오랫동안 참조되지 않은 페이지를 교체
  - 프로세스가 주기억장치에 접근할 때 마다 참조된 페이지에 대한 시간을 기록해야 함
- FIFO(First In First Out) : 페이지가 주기억장치에 적재된 시간을 기준으로 교체될 페이지를 산정하는 기법으로 프로세스에 할당된 페이지 프레임의 수가 증가하면 페이지 부재가 더 증가
- LFU(Least Frequently Used) : 주기억장치에 적재되어 있는 페이지들에 대해 이들이 참조된 횟수를 기준으로 교체될 페이지를 선정하는 기법

11 교착상태가 발생할 필요 충분 조건 4가지
- 상호 배제(Mutual Exclusion)
- 비 선점(Non Preemption)
- 점유와 대기(Hold & Wait)
- 환형 대기(Circular Wat, 순환 대기)

12 **다음 CPU 스케줄링 알고리즘 중 비선점형 알고리즘만을 모두 고르면?**

㉠ FCFS(First Come First Served) 스케줄링 ㉡ HRN(Highest Response-ratio Next) 스케줄링 ㉢ RR(Round Robin) 스케줄링 ㉣ SRT(Shortest Remaining Time) 스케줄링

① ㉠, ㉡

② ㉠, ㉣

③ ㉡, ㉢

④ ㉢, ㉣

13 **네트워크 접속 형태 중 트리형 토폴로지(topology)에 대한 설명으로 옳지 않은 것은?**

① 네트워크의 확장이 용이하다.

② 병목 현상이 나타나지 않는다.

③ 분산처리 방식을 구현할 수 있디.

④ 중앙의 서버 컴퓨터에 장애가 발생하면 전체 네트워크에 영향을 준다.

ANSWER 12.① 13.②

12 비선점 프로세스 스케줄링 종류
FCFS 스케줄링(First Come First Served Scheduling)
SJF 스케줄링(Shortest Job First Scheduling)
HRRN 스케줄링(Highest Response Ratio Next Scheduling)

13 트리형(Tree type) : 버스형 토폴로지를 변형한 형태. 즉, 하나의 노드에 여러 개의 노드가 트리형으로 연결되어 있고, 양방향으로 모든 노드에게 데이터를 전송

14 IPv4 주소를 클래스별로 분류했을 때, B 클래스에 해당하는 것은?

① 12.23.34.45
② 111.111.11.11
③ 128.128.128.128
④ 222.111.222.111

15 다음 설명에 해당하는 모듈의 결합도는?

> 한 모듈이 다른 모듈의 내부 기능 및 자료를 직접 참조하거나 사용하는 경우로, 한 모듈에서 다른 모듈의 내부로 제어가 이동하는 경우도 이에 해당한다.

① 공통 결합도(common coupling)
② 내용 결합도(content coupling)
③ 외부 결합도(external coupling)
④ 자료 결합도(data coupling)

ANSWER 14.③ 15.②

14 • IPv4 주소 : 인터넷주소자원 관리기관에서 부여한 네트워크 주소와 네트워크 상의 개별 호스트를 식별하기 위하여 네트워크 관리자가 부여한 호스트 주소로 구성

• IP 주소의 클래스(Class) 구분

클래스	상위비트	클래스 범위	비고
A	0	0.0.0.0 ~ 127.0.0.0	대규모 네트워크 환경
B	10	128.0.0.0 ~ 191.255.255.255	중규모 네트워크 환경
C	110	192.0.0.0 ~ 223.255.255.255	소규모 네트워크 환경
D	1110	224.0.0.0 ~ 239.255.255.255	멀티캐스트용
E	1111	240.0.0.0 ~ 255.255.255.255	연구/개발용

15 • 공통 결합도(common coupling) : 공유되는 공통 데이터 영역을 여러 모듈이 사용할 때의 결합도

• 외부 결합도(external coupling) :어떤 모듈에서 선언한 데이터(변수)를 외부의 다른 모듈에서 참조할 때의 결합도

• 자료 결합도(data coupling) : 어떤 모듈이 다른 모듈을 호출하면서 매개 변수나 인수로 데이터를 넘겨주고, 호출 받은 모듈은 받은 데이터에 대한 처리 결과를 다시 돌려주는 방식

16 DBMS에서의 병행 수행 및 병행 제어에 대한 설명으로 옳은 것은?

① 2단계 로킹 규약을 적용하면 트랜잭션 스케줄의 직렬 가능성을 보장할 수 있으나 교착상태가 발생할 수도 있다.

② 트랜잭션이 데이터에 공용 lock 연산을 수행하면 해당 데이터에 read, write 연산을 모두 수행할 수 있다.

③ 연쇄 복귀는 하나의 트랜잭션이 여러 개의 데이터 변경 연산을 수행할 때 일관성 없는 상태의 데이터베이스에서 데이터를 가져와 연산을 수행함으로써 모순된 결과가 발생하는 것이다.

④ 갱신 분실은 트랜잭션이 완료되기 전에 장애가 발생하여 rollback 연산을 수행하면, 이 트랜잭션이 장애 발생 전에 변경한 데이터를 가져가 변경 연산을 수행한 또 다른 트랜잭션에도 rollback 연산을 수행하여야 한다는 것이다.

ANSWER 16.①

16 • 로킹(Locking)

- 트랜잭션이 접근하려는 데이터를 다른 트랜잭션이 접근하지 못하도록 잠그는(lock) 병행 제어 기법
- 로킹 단위가 클수록 병행 제어가 단순해지고 관리하기가 편하지만 병행성 수준이 낮아진다.
- 반면 로킹 단위가 작을수록 병행 제어가 복잡해지고 오버헤드가 증가하지만, 병행성 수준이 높아지고 데이터베이스 공유도가 높아진다.

• 로킹 단위 크기

구분	큰 로크의 단위	작은 로크의 단위
로크의 수	작아진다.	많아진다.
병행제어 기법	단순하다.	복잡하다.
병행성 수준	낮아진다.	높아진다.
오버헤드	감소한다.	증가한다.

• 2단계 로킹 : 각 트랜잭션의 lock과 unlock 요청을 2단계로 실시하는 방식

- 확장 단계(Growing phase) : 새로운 lock 연산만을 수행할 수 있고, unlock 연산은 수행할 수 없는 단계
- 축소 단계(shrinking phase) : unlock 연산을 수행할 수 있고, lock 연산은 수행할 수 없는 단계

17 다음 파이썬 코드는 std 변수에 저장된 각각의 Student 객체에 대해 학생 id 및 국어, 영어 성적의 평균을 출력한다. (가)~(다)에 들어갈 내용을 바르게 연결한 것은?

```
class Student:
    def __init__(self, id, kor, eng):
        self.id = id
        self.kor = kor
        self.eng = eng

    def sum(self):
        return self.kor + self.eng

    def avg(self):
        return [   (가)   ]

std = [
    Student("ok", 90, 100),
    Student("pk", 80, 90),
    Student("rk", 80, 80)
]

for to in [  (나)  ]:
    print( [        (다)        ] )
```

	(가)	(나)	(다)
①	self.sum() / 2	std	to.id, to.avg()
②	self.sum() / 2	Student	Student.id, Student.avg()
③	sum(self) / 2	std	to.id, to.avg(self)
④	sum(self) / 2	Student	Student.id, Student.avg(self)

ANSWER 17.①

17 Student 클래스를 정의하고, 해당 클래스에는 학생의 아이디(id), 국어 점수(kor), 영어 점수(eng)를 초기화하는 __init__ 메서드와 총합을 구하는 sum 메서드, 평균을 구하는 avg 메서드가 있다. 그리고 이 클래스를 이용하여 세 명의 학생 객체를 생성하고, for 반복문을 통해 각 학생의 정보를 출력한다.

```
class Student : #Student 클래스 정의
# 속성 생성
    def __init__(self, id, kor, eng):
#Student 클래스를 초기화하고, 학생의 아이디(id), 국어 점수(kor), 영어 점수(eng)를 설정
(__init__ 메서드는 파이썬에서 클래스를 초기화할 때 호출되는 특수한 메서드)
#self: 파이썬에서 인스턴스 메서드의 첫 번째 매개변수로 사용되며, 인스턴스 자신을 가리킴
        self.id = id
        self.kor = kor
        self.eng = eng
#id, kor, eng : 인스턴스를 생성할 때 전달되는 매개변수들로, 각각 학생의 아이디, 국어 점수, 영어 점수를 나타냄

    def sum(self):#학생의 국어와 영어점수의 총합을 반환
        return self.kor + self.eng

    def avg(self):#학생의 국어와 영어점수의 평균을 반환
        return [ self.sum() / 2 ]

std = [
    Student("ok", 90, 100),
    Student("pk", 80, 90),
    Student("rk", 80, 80)
#세 명의 학생 개체를 생성하여 리스트에 저장
]

for to in [ std ] :
    print([ to.id, to.avg() ])
#각 학생의 객체의 정보를 출력
```

18 다음 〈정보〉를 이용하여 아래에 주어진 〈연산〉을 차례대로 수행한 후의 스택 상태는?

〈정보〉

- Create(s, n) : 스택을 위한 크기 n의 비어 있는 배열 s를 생성하고, top의 값을 −1로 지정한다.
- Push(s, e) : top을 1 증가시킨 후, s[top]에 요소 e를 할당한다.
- Pop(s) : s[top]의 요소를 삭제한 후, top을 1 감소시킨다.

〈연산〉

```
Create(s, 4);
Push(s, 'S');
Push(s, 'T');
Pop(s);
Push(s, 'R');
Push(s, 'P');
Push(s, 'Q');
Pop(s);
```

①
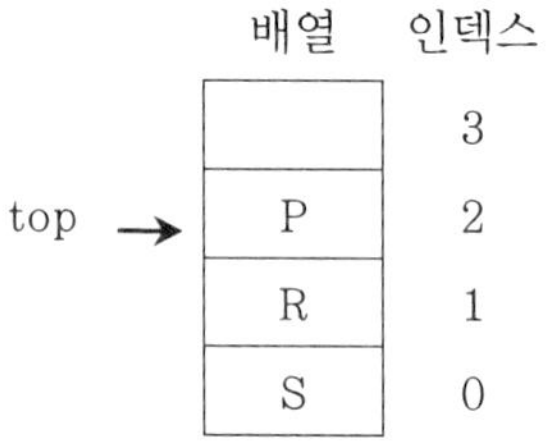

②
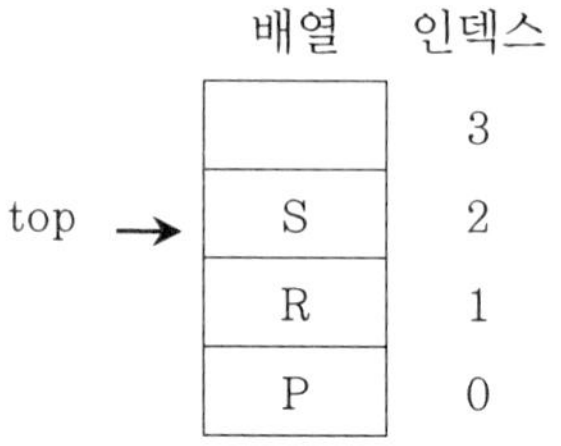

③
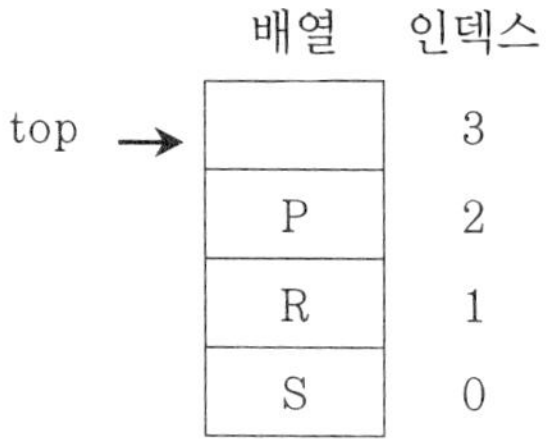

④
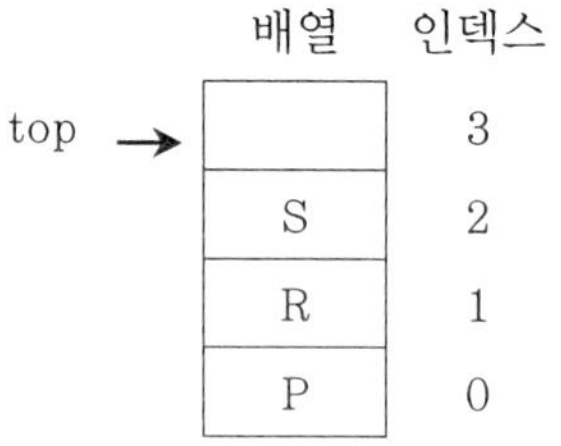

ANSWER 18.①

18 • 스택 : 자료구조 중 하나이다. 가장 최근에 들어간 데이터가 가장 먼저 나오며 흔히 후입선출(Last In First Out)
• push() : 주어진 요소를 스택의 맨 위에 추가한다.
• pop() : 스택 맨 위에 있는 요소를 삭제하고 반환한다.

19 다음은 전체 버킷 개수가 11개이고 버킷당 1개의 슬롯을 가지는 빈 해시 테이블이다. 입력키 12, 33, 13, 55, 23, 83, 11을 순서대로 저장하였을 때, 입력키 23이 저장된 버킷 번호는? (단, 해시 함수는 h(k) = k mod 11이고, 충돌 해결은 선형 조사법을 사용한다)

버킷 번호	0	1	2	3	4	5	6	7	8	9	10
슬롯											

① 1
② 2
③ 3
④ 41

ANSWER 19.④

19 • 해시 테이블(키를 해시 값으로 인코딩하는 함수) : 입력키 (Key, Value)로 데이터를 저장하는 자료구조 중 하나로 빠르게 데이터를 검색할 수 있는 자료구조로 해시 테이블이 빠른 검색속도를 제공하는 이유는 내부적으로 배열(버킷)을 사용하여 데이터를 지장하기 때문이다. 각각의 Key값에 해시함수를 적용해 배열의 고유한 index를 생성하고, 이 index를 활용해 값을 저장하거나 검색하게 되며 실제 값이 저장되는 장소를 버킷 또는 슬롯이라고 한다.

• 해싱(Hashing) : 해시 함수를 적용해 해시 테이블을 인덱싱하는 작업. 가장 단순하면서도 널리 쓰이는 것은 정수형 해싱 기법인 모듈로 연산을 이용한 나눗셈 방식으로 함수를 적용하고자 하는 값을 해시 테이블(N)의 크기로 나눈 나머지를 해시값으로 사용하는 방법

h(x)=x mod m

h(x)는 해시 함수로, 입력값 x에 해시 함수를 적용해 생성된 결과를 뜻하며, m은 해시 테이블의 크기이다.

m은 일반적으로 충돌 문제를 위해 2의 멱수에 가깝지 않은 소수를 택하는 것이 좋다.

• 선형 조사법(Linear Probing) : 충돌이 발생한 곳에서 다음 버킷이 비어있는 곳이 나올 때까지 계속해서 조사하는 방법으로 삽입연산에서 해당하는 해시 값에 비어 있는지 검사

전체 버킷 개수가 11개이고 버킷당 1개의 슬롯을 가지는 빈 해시 테이블은 다음과 같다.

버킷 번호	0	1	2	3	4	5	6	7	8	9	10
슬롯											

입력키	k mod 11	버킷번호 충돌될 경우 선형조사법 사용
12	1	1
33	0	0
13	2	2
55	0	충돌 0→3
23	1	충돌 1→4
83	6	6
11	0	충돌 0→5

20 다음 C 프로그램의 출력 결과는?

```
#include<stdio.h>

int recursive(int n) {
    int sum;
    if (n>2) {
        sum = recursive(n-1) + recursive(n-2);
        printf("%d", sum);
    }
    else
        sum = n;
    return sum;
}

int main(void) {
    int result;
    result = recursive(5);
    printf("%d", result);
    return 0;
}
```

① 1 2 3 5 7

② 1 3 5 7 9

③ 3 3 5 9 9

④ 3 5 3 8 8

ANSWER 20.④

20 – recursive 함수는 입력된 값 n이 2보다 큰 경우에는 recursive(n−1)과 recursive(n−2)를 재귀적으로 호출하여 피보나치수열의 항을 계산하고, 그 값을 출력, n이 2보다 작거나 같은 경우에는 자기 자신이 피보나치 수열의 값이므로 n을 반환

– main 함수에서는 recursive 함수를 호출하여 5번째 피보나치 수를 계산하고, 그 결과를 출력
recursive(5)는 5번째 항의 값을 계산, 중간에 출력문이 있어서 각 항의 값을 출력
마지막으로, 함수가 끝날 때 result에는 recursive(5)의 반환값인 8이 저장되어 main 함수에서 출력

```
#include <stdio.h>

int recursive(int n) {
    int sum;
    if (n > 2) { # n이 2보다 크면
        sum = recursive(n-1) + recursive(n-2);
#n-1 및 n-2 사용하여 재귀적으로 호출결과를 더한 다음 이 합계를 sum에 할당
        printf("%d", sum) ; # 현재 항의 값을 출력
    }
    else #n이 2이하인 경우
        sum = n ; # n이 2 이하인 경우 n을 그대로 반환
    return sum; #sum 반환
}

int main(void) {
    int result;
    result = recursive(5) ; #5번째 피보나치 수를 계산
    printf("%d", result) ; #결과 출력
    return 0;
}
```

• **피보나치 수열** : 이전 두 항을 더하여 다음 항을 만들어가는 수열(일반적으로 F(0) = 0, F(1) = 1로 시작)

컴퓨터일반 2024. 6. 22. 제1회 지방직 시행

1 이미지 파일 형식에 해당하지 않는 것은?

① WAV
② BMP
③ TIFF
④ JPEG

2 DDL(Data Definition Language) 명령어에 해당하지 않는 것은?

① ALTER
② DROP
③ SELECT
④ CREATE

ANSWER 1.① 2.③

1 ① WAV(Waveform Audio File Format) : 개인용 컴퓨터에서 오디오를 재생하는 마이크로소프트와 IBM 오디오 파일 포맷 표준
② BMP(Bitmap) : 어떤 디바이스에서도 정확하게 이미지를 보여줄 수 있는 파일 포맷
③ TIFF(Tag Image File Format) : 래스터 그래픽과 이미지 정보를 저장하는 데 사용되는 컴퓨터 파일
④ JPEG(Joint Photographic Experts Group) : 정지 화상을 위해서 만들어진 손실 압축 방법 표준

2 DDL(Data Definition Language – 데이터 정의 언어) : DDL은 데이터베이스 스키마를 정의, 변경 및 제거하는데 사용하고 데이터베이스, 테이블, 열, 인덱스 등의 구조를 정의하고 변경하는 명령어이다.

SQL문	설명
Ceate	데이터베이스 객체를 생성
Drop	데이터베이스 객체를 삭제
Alter	기존에 존재하던 데이터베이스 객체를 수정

3 8진수 $543_{(8)}$과 10진수 $124_{(10)}$의 합을 8진수로 표현한 것은?

① $626_{(8)}$
② $637_{(8)}$
③ $726_{(8)}$
④ $737_{(8)}$

4 OSI 모델에서 데이터 링크 계층의 프로토콜 데이터 단위(protocol data unit)는?

① 비트(bit)
② 패킷(packet)
③ 프레임(frame)
④ 세그먼트(segment)

ANSWER 3.④ 4.③

3 • $543_{(8)}$을 10진수로 변환

$543_{(8)}=5\cdot 8^2+4\cdot 8^1+3\cdot 8^0=5\cdot 64+4\cdot 8+3\cdot 1=320+32+3=355_{(10)}$

• $355_{(10)}+124_{(10)}=479_{(10)}$ → 8진수로 변환

479 / 8 = 59 ...7

59 / 8 = 7 ...3

7 / 8 = 0 ...7

∴ 479(10) → 8진수로 $737_{(8)}$

4

프로토콜	OSI 7계층	데이터 단위
HTTP, FTP, SMTP	응용	데이터
JPG, MPEG, AFP	표현	데이터
NetBIOS, SSH	세션	데이터
TCP, UDP	전송	TCP : 세그먼트 UDP : 데이터그램
IP, RIP, ARP, ICMP	네트워크	패킷
Ethernet, PPP, HDLC	데이터 링크	프레임
RS-232	물리	비트

5 **이메일 송신 또는 수신을 위한 프로토콜에 해당하지 않는 것은?**

① POP3

② SMTP

③ FTP

④ IMAP

6 **UML 버전 2.0에서 구조 다이어그램에 해당하는 것만을 모두 고르면?**

> ㉠ 활동 다이어그램
> ㉡ 클래스 다이어그램
> ㉢ 컴포넌트 다이어그램
> ㉣ 시퀀스 다이어그램

① ㉠, ㉡　　② ㉠, ㉣

③ ㉡, ㉢　　④ ㉢, ㉣

ANSWER 5.③ 6.③

5 ③ FTP(File Transfer Protocol) : 한 컴퓨터에서 다른 컴퓨터로 파일을 효율적으로 전송하도록 설계된 네트워크 프로토콜
① POP3(Post Office Protocol) : 사용자의 기기로 이메일을 다운로드하여 읽는 프로토콜
② SMTP(Simple Mail Transfer Protocol) : 인터넷을 통해 이메일 메시지를 보내고 받는 데 사용되는 통신 프로토콜
④ IMAP(Internet Messaging Access Protocol) : 서버에서 이메일을 읽는 프로토콜입

6 구조적 다이어그램
- 클래스 다이어그램(Class Diagram) : 클래스, 클래스가 가지는 속성, 클래스 사이 관계 표현
- 객체 다이어그램(Object Diagram) : 인스턴스를 특정 시점의 객체와 객체 사이의 관계로 표현
- 컴포넌트 다이어그램(Component Diagram) : 구현 단계에서 사용되며 컴포넌트 간의 관계나 인터페이스를 표현
- 배치 다이어그램(Deployment Diagram) : 구현 단계에서 사용되며 결과물, 프로세스, 컴포턴트 등 물리적 요소들의 위치 표현
- 패키지 다이어그램(Pakage Diagram) : 유스케이스나 클래스 등의 모델요소들을 그룹화한 패키지들의 관계 표현

7 **블랙박스 테스트 기법에 해당하는 것은?**

① 조건 커버리지(condition coverage)
② 기본 경로 테스트(basis path test)
③ 문장 커버리지(statement coverage)
④ 동등 분할(equivalence partitioning)

8 **운영체제에서 일괄 처리 시스템(batch processing system)에 대한 설명으로 옳은 것은?**

① 사용자로부터 작업이 요구되는 즉시 처리한다.
② 일정량 또는 일정 기간의 작업을 모아 한꺼번에 처리한다.
③ 네트워크로 연결된 여러 대의 컴퓨터에서 작업을 분산하여 처리한다.
④ CPU 운영시간을 골고루 할당하여 여러 사용자가 순환하며 작업을 수행한다.

ANSWER 7.④ 8.②

7 블랙박스 테스트(Black Box Test) : 소프트웨어가 수행할 특정 기능을 알기 위해서 각 기능이 완전히 작동되는 것을 입증하는 테스트로, 기능 테스트

동치 분할 검사 (Equivalence Partitioning Testing)	입력 자료에 초점을 맞춰 테스트 케이스를 만들고 검사하는 방법으로 동등 분할 기법
경계값 분석(Boundary Value Analysis)	입력 자료에만 치중한 동치 분할 기법을 보완하기 위한 기법
원인-효과 그래프 검사 (Cause-Effect Graphing Testing)	입력 데이터 간의 관계와 출력에 영향을 미치는 상황을 체계적으로 분석한 다음 효용성이 높은 테스트 케이스를 선정하여 검사하는 기법
오류 예측 검사(Error Guessing)	과거의 경험이나 확인자의 감각으로 테스트하는 기법
비교 검사(Comparison Testing)	여러 버전의 프로그램에 동일한 테스트 자료를 제공하여 동일한 결과가 출력되는지 테스트하는 기법

8
- 일괄 처리 시스템(batch processing system) : 입력되는 데이터를 일정 기간 또는 일정량을 모아 두었다가 한꺼번에 처리하는 방식
- 시분할 시스템(Time Sharing System) : 여러 유저가 동시에 컴퓨터를 사용할 수 있도록 CPU 시간을 나누어 주는 운영체제의 기법
- 실시간 처리 시스템(real-time system) : 데이터를 입력과 동시에 실시간으로 즉시 처리하는 응답 시스템

9 다음은 front 다음 위치부터 rear 위치까지 유효한 원소가 들어있는 선형 큐를 보여준다. 두 개의 원소를 제거한 후 큐의 상태는?

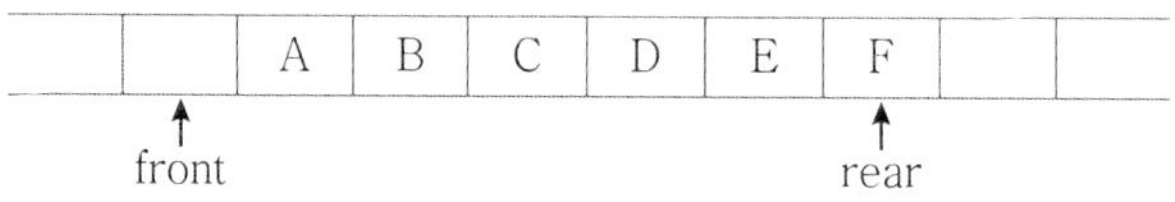

①
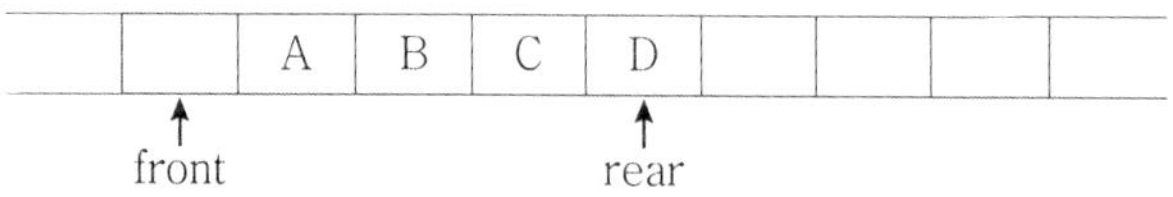

②
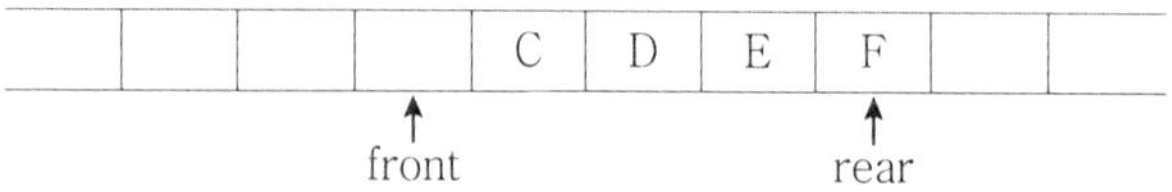

③
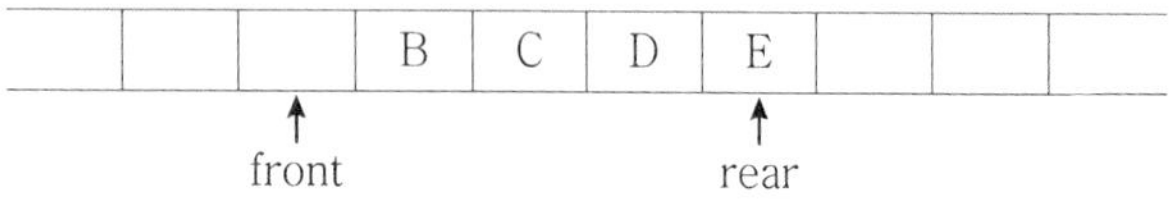

④
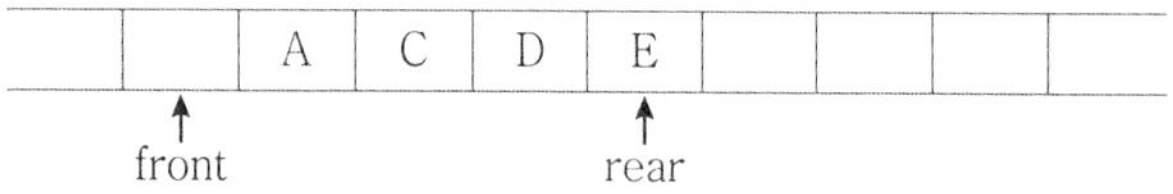

ANSWER 9.②

9
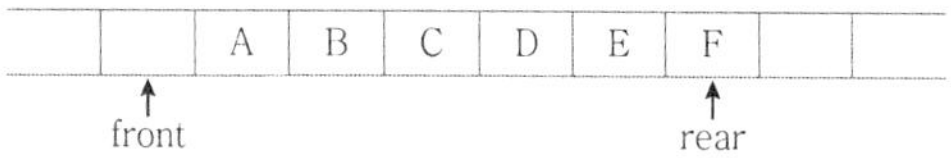

front는 첫 번째 칸을 가리키고 있고, 그 다음 원소는 A, rear는 F를 가리키고 있다.

→초기 큐의 상태 : [A, B, C, D, E, F], 이 상태에서 두 개의 원소 제거

첫 번째 원소 A 제거 : front를 한 칸 앞으로 이동 : front = 2 (B 가리킴)

큐 : [A, B, C, D, E, F] (A는 제거된 상태로 간주)

두 번째 원소 B 제거 : front를 다시 한 칸 앞으로 이동 : front = 3 (C 가리킴)

큐 : [A, B, C, D, E, F] (B는 제거된 상태로 간주)

→두 개의 원소 제거 후 큐의 상태

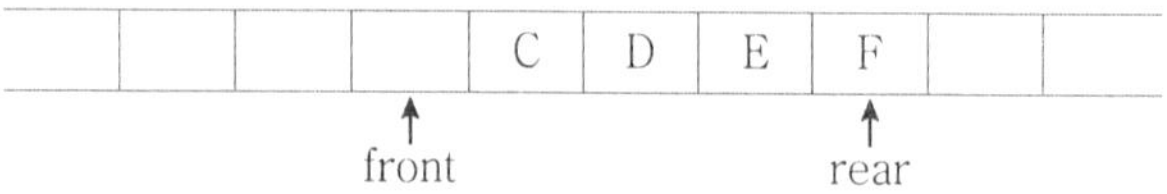

front는 C를 가리키고 있고, rear는 F를 가리키고 있음

최종적으로 큐의 상태를 표시 유효한 원소 : [C, D, E, F]

10 운영체제의 목적으로 옳지 않은 것은?

① 신뢰도(reliability) 향상
② 처리량(throughput) 향상
③ 응답 시간(response time) 증가
④ 사용 가능도(availability) 향상

11 현재의 출력값이 현재의 입력값에 의해서만 결정되는 논리회로에 해당하지 않는 것은?

① 반가산기(half adder)
② 링 카운터(ring counter)
③ 멀티플렉서(multiplexer)
④ 디멀티플렉서(demultiplexer)

12 캐시기억장치에 대한 설명으로 옳지 않은 것은?

① 주로 SRAM을 사용하여 구현된다.
② 주기억장치보다 용량은 작지만 접근 속도가 빠르다.
③ 성능 향상을 위해 지역성의 원리(principle of locality)를 이용한다.
④ 직접 사상(direct mapping) 방식을 사용하면, 특정 주기억장치블록을 여러 개의 캐시기억장치 블록으로 사상할 수 있다.

ANSWER 10.③ 11.② 12.④

10 운영체제 목적 : 신뢰도 향상, 사용가능도 향상, 처리량 향상, 응답 시간 단축

11
- 링 카운터(ring counter) : 전체적으로 데이터가 회전하는 시프트 레지스터를 말하며, 맨 마지막 플립플롭의 출력이 첫 번째 플립플롭의 입력에 연결
- 멀티플렉서(multiplexer) : 다수의 아날로그 혹은 디지털 입력 신호들 중 하나를 선택하여 출력하는 Combinational Circuit(조합회로)

12
- 캐시기억장치(Cache Memory) : 고속의 중앙 처리 장치(CPU)와 CPU에 비해 속도가 느린 주기억 장치 사이에 데이터와 명령어들을 일시적으로 저장하는 기억 장소를 제공
- 캐시(Cache)의 지역성(Locality) : 캐시가 효율적으로 동작하려면, 캐시의 적중율(Hit-rate)를 극대화 시켜야 한다.
- 직접 사상(direct mapping) : 교체 기법이 불필요하고 캐시 효율이 낮아질 수 있는 사상. 어느 한 캐시 슬롯에만 사상될 수 있는 방식으로 구조가 간단하고 구현 비용이 적다.

13 데이터 크기에 대한 설명으로 옳은 것만을 모두 고르면?

> ㉠ 1바이트(byte)는 8비트이다.
> ㉡ 1니블(nibble)은 2비트이다.
> ㉢ 워드(word) 크기는 컴퓨터 시스템에 따라 다를 수 있다.

① ㉠, ㉡
② ㉠, ㉢
③ ㉡, ㉢
④ ㉠, ㉡, ㉢

14 IPv4 주소 체계의 A 클래스 주소에서 호스트 ID의 비트 수는?

① 8
② 16
③ 24
④ 32

ANSWER 13.② 14.③

13 비트 < 니블 < 바이트 < 워드 < 필드 < 레코드 < 블록 < 파일 < 데이터베이스
- **비트**(Bit) : 2진 기수법 표기의 기본단위
- **니블**(Nibble) : 1바이트의 절반, 4비트를 하나의 단위
- **바이트**(Byte) : 정보량의 최소 단위인 비트(0과 1)의 집합으로 고성된 기본 단위
- **워드**(Word) : CPU가 한번에 처리할 수 있는 명령단위
  - 하프워드(Half word) : 2바이트
  - 풀 워드(Full word) : 4바이트
  - 더블 워드(Double word) : 8바이트

14 IPv4 주소 체계

A 클래스 주소 : 첫 번째 옥텟(8비트)이 네트워크 식별을 위해 사용되며 첫 번째 비트는 항상 0으로 시작하므로, 가능한 네트워크 ID의 범위는 0부터 127까지 이다.

따라서 A 클래스 주소의 호스트 ID의 비트 수는 총 32비트에서 네트워크 ID 부분을 제외한 나머지 비트 수 이므로 호스트 ID 비트 수 = 32 − 8 = 24

A 클래스 주소의 호스트 ID의 비트 수는 24이다.

15 다음 C 프로그램의 출력 결과는?

```
#include <stdio.h>

int repeat(int a, int b) {
    if (b == 0)
        return a;
    else if (b % 2 == 0)
        return repeat(a + a, b / 2);
    else
        return repeat(a + a, b / 2) + a;
}

int main() {
    printf("%d", repeat(3, 6));
    return 0;
}
```

① 12
② 24
③ 30
④ 42

ANSWER 15.④

15 주어진 함수는 재귀적인 방식으로 두 수 a와 b를 곱하는 작업을 수행
- repeat(3, 6) 호출
  b가 6이고 짝수이므로, repeat(a + a, b / 2)가 호출
- repeat(6, 3) 호출
  b가 3이고 홀수이므로, repeat(a + a, b / 2) + a가 호출
- repeat(12, 1) + 6 호출
- repeat(12, 1) 호출
  b가 1이고 홀수, repeat(a + a, b / 2) + a가 호출
- repeat(24, 0) + 12 호출
- repeat(24, 0) 호출
  b가 0이므로, 24를 반환

→반환 값을 역순으로 계산
  repeat(24, 0)는 24를 반환
  repeat(12, 1)는 24 + 12를 반환, 36 반환
  repeat(6, 3)는 36 + 6을 반환, 42 반환
  repeat(3, 6)는 42 반환
  최종 출력은 42

16 다음 파이썬 프로그램의 출력 결과는?

```
student_list = ['A', 'B', 'C', 'D']
student_score = ['92', '85', '77', '54']
student_grade = [ ]
I = 0
for _ in range(len(student_score)):
    try:
        if student_score[_] >= 90:
            student_grade.append('A+')
            i+=1
        elif student_score[_] >= 80:
            student_grade.append('B+')
            i+=1
        elif student_score[_] >= 70:
            student_grade.append('C+')
            i+=1
        else:
            student_grade.append('D+')
            i+=1
    except: student_grade.append('F')
print("%s, %s" % (student_list[i], student_grade[i]))
```

① A, D+

② A, F

③ D, D+

④ D, F

ANSWER 16.②

16 파이썬 용어

- try : 실행할 코드
- except : 예외가 발생했을 때 처리하는 코드

student_list = ['A', 'B', 'C', 'D']#학생이름 리스트
student_score = ['92', '85', '77', '54']#학생점수 리스트
student_grade = []#학생 등급을 저장할 리스트
i = 0 #인덱스 변수 초기화
for _ in range(len(student_score)):→#student_score 리스트의 길이를 리턴하므로 4이다.
range(4)는 (0,1,2,3)의 range 객체를 반환하므로, for문의 반복변수 _의 값은 (0, 1, 2, 3)으로 변화하며 반복문을 수행한 이후 4번의 반복문 수행 과정은 모두 동일하다.
student_score[0]의 값은 문자열 '92' 이므로, 첫 번째 if문에서 정수형 90과 비교연산 시도 시 에러가 발생한다.

```
    try:
        if student_score[_] >= 90:
            student_grade.append('A+')
            i+=1
        elif student_score[_] >= 80:
            student_grade.append('B+')
            i+=1
        elif student_score[_] >= 70:
            student_grade.append('C+')
            i+=1
        else:
            student_grade.append('D+')
            i+=1
    except: student_grade.append('F')
```

→에러 처리를 위해 except문의 코드가 수행되어, student_grade 리스트에 'F'가 삽입된다.
위의 과정이 4회 반복되므로, 반복문 종료 후에는 student_grade 리스트에는 ['F','F','F','F']이며, i의 값은 0이다.

print("%s, %s" % (student_list[i], student_grade[i]))
→(student_list[0], student_grade[0])출력

17 블록체인에 대한 설명으로 옳은 것만을 모두 고르면?

㉠ 비트코인은 블록체인 기술을 기반으로 만들어진 암호화폐이다.
㉡ 블록체인 유형에는 퍼블릭 블록체인, 프라이빗 블록체인 등이 있다.
㉢ 블록체인에서 사용되는 합의 알고리즘에는 작업 증명(PoW : Proof of Work), 지분 증명(PoS : Proof of Stake) 등이 있다.

① ㉠, ㉡
② ㉠, ㉢
③ ㉡, ㉢
④ ㉠, ㉡, ㉢

ANSWER 17.④

17 블록체인(block chain) : 데이터를 안전하게 저장하고 전송하는 기술적 기반을 제공하는 기술

- 기술적 구성에 따른 블록체인(block chain) 유형
  - 퍼블릭 블록체인(Public Blockchain) : 완전히 공개된 블록체인으로, 누구나 데이터를 조회하고 참여할 수 있다.(비트코인과 이더리움)
  - 프라이빗(허가) 블록체인(Private or Permissioned Blockchain) : 특정한 인증된 사용자나 그룹만이 접근할 수 있는 블록체인으로 보통 기업이나 조직 내부에서 사용
  - 컨소시엄 블록체인(Consortium Blockchain) : 여러 조직이나 기관이 협력하여 운영하는 블록체인으로, 일부 허가된 참여자만 접근
- 합의 메커니즘에 따른 블록체인(block chain) 유형
  - 작업증명(Proof of Work, PoW) : 가장 잘 알려진 합의 메커니즘으로, 작업 증명을 통해 블록을 생성하는 방식
  - 지분증명(Proof of Stake, PoS) : 보유한 코인의 양에 따라 블록을 검증하고 생성하는 합의 메커니즘
  - 위임지분증명(Delegated Proof of Stake, DPoS) : 선출된 대표들이 블록 생성에 참여하는 방식으로, 전반적인 효율성을 높이기 위해 사용

※ 스테이킹(Staking) : 암호화폐를 일정기간동안 타겟 지갑에 묶어두는 과정

18 다음은 프로세스가 준비 큐에 도착하는 시간과 프로세스를 처리하는데 필요한 실행시간을 보여준다. 비선점 SJF(Shortest Job First) 스케줄링 알고리즘을 사용한 경우, P1, P2, P3, P4 프로세스 중에서 두 번째로 실행되는 프로세스는? (단, 프로세스 간 문맥 교환에 따른 오버헤드는 무시하며, 주어진 4개의 프로세스 외에 처리할 다른 프로세스는 없다고 가정한다)

프로세스	도착시간	실행시간
P1	0	6
P2	1	4
P3	2	1
P4	3	2

① P1　　② P2
③ P3　　④ P4

ANSWER 18.③

18 • 첫 번째 프로세스 실행
가장 먼저 도착한 P1을 실행(실행 시간 6)
시간 0에서 P1이 시작되고, 시간 6까지 실행
상태 : P1(0–6)
• 두 번째 프로세스 실행
이 시점에서 준비 큐에는 P2, P3, P4가 있다. 이들 중에서 실행 시간이 가장 짧은 P3을 선택하여 실행(실행 시간 1)
시간 6부터 P3이 시작되고, 시간 7까지 실행
상태 : P1(0–6), P3(6–7)
• 세 번째 프로세스 실행
이제 준비 큐에는 P2, P4가 남아 있다. 이들 중에서 실행 시간이 가장 짧은 P4를 선택하여 실행(실행 시간 2)
시간 7부터 P4가 시작되고, 시간 9까지 실행
상태 : P1(0–6), P3(6–7), P4(7–9)
• 네 번째 프로세스 실행
마지막으로 남은 프로세스인 P2를 실행 (실행 시간 4)
시간 9부터 P2가 시작되고, 시간 13까지 실행
상태 : P1(0–6), P3(6–7), P4(7–9), P2(9–13)
• 각 프로세스가 CPU를 할당받는 순서는 P1 → P3 → P4 → P2
두 번째로 실행되는 프로세스는 P3
※ **비선점 SJF(Shortest Job First) 스케줄링 알고리즘** : 실행 시간이 가장 짧은 프로세스를 선택하여 다음 실행을 수행하는 알고리즘

19 다음 C 언어로 작성된 코드의 시간 복잡도는? (단, n은 임의의 양의 정수이다)

```
for (i = 0; i<n; i++)
  for(j = 0; j<500; j++)
    printf("i * j = %d\n", i * j);
```

① $\Theta(n)$　　② $\Theta(n^2)$

③ $\Theta(\log n)$　　④ $\Theta(n\log n)$

20 페이지 테이블(page table)을 사용하는 가상기억장치 컴퓨터 시스템에서 TLB(Translation Lookaside Buffer)에 대한 설명으로 옳은 것은?

① 페이지 테이블의 캐시로서 동작한다.

② 한 시스템 내에 여러 개가 존재할 수 없다.

③ TLB 실패(miss)가 발생할 때마다 페이지 부재(page fault)가 발생한다.

④ 물리 주소(physical address)를 가상 주소(virtual address)로 빠르게 변환하기 위한 것이다.

ANSWER 19.① 20.①

19 외부 'for' 루프에서 변수 'i'는 0부터 'n-1'까지 증가한다. 내부 'for' 루프에서 변수 'j'는 항상 0부터 499까지 증가
내부 'printf' 문장은 상수 시간 O(1)이 걸리며, 그 안의 연산도 상수 시간 O(1)
내부 'for' 루프의 시간 복잡도는 O(500)
외부 'for' 루프에서 내부 'fo' 루프가 반복
외부 'for' 루프가 n번 반복될 때, 내부 'for' 루프가 500번 반복
전체 코드의 시간 복잡도는 외부 'for' 루프의 반복 횟수와 내부 'for' 루프의 반복 횟수를 곱한 값→O(n × 500)
<u>코드의 전체 시간 복잡도는 O(n)</u>

20
- TLB(Translation Lookaside Buffer) : 페이지 테이블에서 가상 주소를 물리 주소로 변환하는 과정에서 성능을 향상시키기 위한 캐시 메커니즘
- 빠른 주소 변환 : 페이지 테이블의 일부를 캐싱하여 가상 주소를 물리 주소로 더 빠르게 변환하며 CPU가 메모리 접근을 빠르게 처리
- 적중과 미적중
  - 적중(hit) : 캐시의 형태를 가지며, 가상 주소가 TLB에 있는 경우
  - 미적중(miss) : TLB에 없어서 페이지 테이블에서 변환을 수행해야 하는 경우
  - 적중이 발생하면 물리 주소를 바로 얻을 수 있어 성능이 향상
- TLB(Translation Lookaside Buffer) 교체 알고리즘
  - TLB가 고정된 크기를 가지기 때문에, 새로운 가상 주소가 TLB에 삽입될 때 오래된 항목이 제거
  - 교체 알고리즘 종류 : FIFO(First In First Out), LRU(Least Recently Used) 등

M·E·M·O

M·E·M·O